Steiner

SPIELKARTEI

Elemente zur Entfaltung von Kreativität, Spiel und schöpferischer Arbeit in Gruppen

Ökotopia Spielevertrieb und Verlag, Münster

Impressum

Veröffentlicht im Ökotopia Spielevertrieb und Verlag,
Münster, 4. Auflage 1994
Herausgeber: Bayerischer Mütterdienst der Evang.-Luth. Kirche
            Deutenbacher Str. 1
            90547 Stein
Autor: Wolfram Jokisch
Titelgrafik: Ilona Klück
Druck: Druckwerkstatt, Hafenweg 26a, 48155 Münster
Satz: Stadtblatt Verlags GmbH, Hafenweg 26b, 48155 Münster
©Bayerischer Mütterdienst der Evang.-Luth. Kirche, Stein
CIP-Kurztitelaufnahme der Deutschen Bibliothek
Jokisch, Wolram:
Steiner Spielkartei : Elemente zur Entfaltung von Kreativität,
Spiel und schöpferischer Arbeit in Gruppen / [Autor: Wolfram
Jokisch. Hrsg.: Bayerischer Mütterdienst der Evang.-Luth.
Kirche]. - 4. Aufl. - Münster : Ökotopia, Spielevertrieb und
Verl., 1994
   ISBN 3-925169-09-1
NE: HST

Inhaltsverzeichnis

Zur Einführung

Spielkartei

4 Phantasie-, Ausdrucks- und Gestaltungsspiele, Darstellende Spiele

Zur Einführung

Was diese Spielkartei will

> »Spielen heißt
> experimentieren mit dem Zufall«
> Fritz Rohrer

Die Steiner Spielkartei möchte Ihnen als Leserin oder Leser einen Schlüssel zum Reich von Spiel und Kreativität in die Hand geben. Sie möchte Sie zu einer Entdeckungsreise einladen, die Ihnen Lust und Mut macht, bisher unvertraute »Spielräume« zu betreten und einem Teil der bisher vielleicht ungenutzten Schätze Ihres Lebens auf die Spur zu kommen.

Angebote und Anregungen zum Kennenlernen und Ausprobieren verschiedener Bereiche wie Phantasie, Spiel, Gestaltung, Tanz, Bewegung, Wahrnehmung, Problematisierung, Kommunikation und Aktion spielen dabei ebenso eine Rolle wie Einheiten, die das Umfeld und die Zusammenhänge, Hindernisse und Übertragungsmöglichkeiten kreativer Lebens- und Arbeitsformen in den Alltag thematisieren. Die einzelnen Ansätze und Elemente der Spielkartei sollen Sie als Gruppenleiterin oder Gruppenleiter in die Lage versetzen, das Thema Spiel und Kreativität in Ihren Gruppen aufzugreifen, phantasievoll-schöpferische und probierende Prozesse in kleinen, überschaubaren Schritten anzustoßen sowie gemeinsam mit der Gruppe zu bearbeiten und weiterzuentwickeln.

Vom Umgang mit Spielen in der Gruppe

> »Spielen ist die Weise, wie ein Mensch
> seinen Möglichkeiten auf der Spur bleibt.«
> Ernst Lange

• Eine Gruppe fürs Spielen zu gewinnen, beginnt am besten *außerhalb* dieser Gruppe – nämlich damit, erst einmal selber zu spielen (im Team, in der Familie und/oder dem Freundeskreis), selbst Spaß zu bekommen und Spielerfahrungen zu sammeln. Spiele, die ich selbst erlebt habe, habe ich eher »griffbereit«, ich kann sie auch besser anbieten und erklären.

Ein zweiter, lohnender Gedankengang in der Vorbereitung ist es, sich zu überlegen, wo und bei wem in der Gruppe vermutlich welche Hemmungen und Hindernisse im Blick auf gemeinsames Spielen vorhanden sind. Meiner Erfahrung nach lassen sich solche Vorbehalte am besten angehen, wenn sie in der Gruppe besprochen werden. Oft beruht die Ablehnung, sich auf den Bereich Spiel einzulassen, auf negativen Vorerfahrungen. Es besteht die Befürchtung, irgendwelchen gesetzten Leistungsmaßstäben von Schnelligkeit, Einfallsreichtum oder Geschicklichkeit wieder nicht genügen zu können u.ä.m..

Gelingt es, einen Raum zu schaffen, in dem diese Befürchtungen ausgesprochen werden können, so entdecken viele, daß sie damit nicht allein sind. Diese Gemeinsamkeit und das Aussprechen selbst genügen oft schon als Boden für einen ersten Versuch, das Reich der Spiele vorsichtig zu betreten. In anderen Gruppen kann der Weg auch sein, die Gruppenmitglieder zu bitten, sich einmal versuchsweise auf ein, zwei Spiele einzulassen und anschließend die gemachten Erfahrungen zu besprechen. Es kann dann gemeinsam beschlossen werden, ob bei diesem Treffen oder bei einem späteren, oder überhaupt nicht, auch in dieser spielerischen Richtung weitergemacht werden soll.

● Die Möglichkeiten, Spiele und spielerische Formen in die Gruppenarbeit einzubringen, sind sehr vielfältig. Sie reichen vom Einsatz eines einzigen Spieles als Einstieg oder gemeinsamer Erfahrungshintergrund bei einem Themenabend über eine Verwendung als Auflockerung und Zwischeneinlage bis hin zu ganzen Spielnachmittagen oder -abenden. Spiele können spontan eingebracht oder vorher im Blick auf Ort und eventuelle Reihenfolge geplant und vorbereitet werden.
Diese verschiedenen Formen hängen von den Möglichkeiten der Spielleiter, von der Gruppe, aber auch von den Zielen ab, die mit der entsprechenden Verwendung der Spiele verbunden sind und – nicht zuletzt – von den Spielen selbst.
Bei der Auswahl von Spielen für Ihre Gruppe können Sie sich einmal von Ihren Spielerfahrungen leiten lassen, d.h. heraussuchen, was auch Ihnen Spaß gemacht hat bzw. wo Sie Lust zum Ausprobieren haben.
Eine andere Möglichkeit ist es, sich vorher zu überlegen, was die Gruppenmitglieder kennenlernen und erleben sollen oder wollen (vielleicht kann man sie zuvor danach fragen). Ein kleiner, aus diesen Überlegungen zusammengestellter *Zielekatalog* erleichtert die Suche und die Auswahl geeigneter Spielvorlagen.

● Ist der vorläufige Auswahlprozeß beendet, bedarf es weiterer Überlegungen, sei es zur angemessenen Einbettung der Spiele in den vorgegebenen Themenrahmen, sei es zur Abfolge der Angebote während der Veranstaltung. Zu dieser weiteren Vorbereitung gehört es auch, sich eine der Gruppe entsprechende »Verpackung« für die vorgesehenen Spiele zu überlegen.
Die Spieleeinheit oder der Abend können unter eine bestimmte Überschrift, einen Leitgedanken gestellt werden (z.B. »Gemeinsamer Ausflug ins Reich der Spiele«, »Jahrmarkt«, »Gemeinsam geht es besser« u.ä.m.). Die Einführung und Erklärung der einzelnen Spiele kann dann jeweils darauf Bezug nehmen. Die Veranstaltung bekommt, auch in der Wahrnehmung der Mitspieler, einen *gemeinsamen roten Faden*.

2

Beispiel: »Ausflug ins Reich der Spiele«.

Für einen Spielnachmittag unter dieser Überschrift wurden folgende Spiele ausgesucht (die Beschreibung finden Sie in der Kartei a.a.O.):

* Krokodilspiel 1/3
* Böse Sieben (in der Variation »Entenbaden«) 5/25
* Wunschkiste 4/1
* Efeu 3/27
* Das Kopfweh der Königin/des Königs 5/31
* Was hörst Du? 2/9
* Ring suchen 2/2
* Zimmerhandball 5/12
* Gruppenmärchen 4/14

Der Gesamtrahmen des Nachmittags wie auch die Vorstellung der einzelnen Spiele werden der Idee des gemeinsamen Ausflugs angepaßt. Die Einführung und die Ansagen könnten dann (bei einer Gruppe, deren Mitglieder sich noch wenig kennen) etwa so lauten:

▶ (variiertes) Krokodilspiel

»Wir haben uns heute zu einem gemeinsamen Ausflug ins Reich der Spiele getroffen. Für so einen Ausflug ist es wichtig zu wissen, mit wem man unterwegs ist und was jeder speziell für diese Unternehmung eingepackt hat. Ich bitte Sie deshalb, jetzt der Reihe nach Ihren Namen zu sagen und auch, was Sie für diesen Ausflug mitnehmen wollen. Bevor Sie uns das mitteilen, wiederholen Sie bitte die Namen und die zugehörigen, mitgenommenen Gegenstände Ihrer Vorredner im Kreis. Das hilft uns, uns dann auch wirklich mit dem Namen ansprechen zu können. Ich fange am besten gleich an: Ich heiße Wolfram, und ich nehme für unseren Ausflug einen Laib Brot mit...«

▶ Spiel »Entenbaden«

»Nachdem jeder weiß, mit wem zusammen er den Ausflug macht und wir auch mit genügend Proviant und Ausrüstung versorgt sind, können wir ja losgehen. Wir gehen zunächst durch die Straßen, verlassen die Stadt, kommen durch Felder, ein Stückchen Wald und treffen am Waldrand auf einen schönen Teich. Wir ruhen uns ein wenig im Gras aus und sehen den Enten zu, die durch uns aufgeschreckt, eine nach der anderen ins Wasser gehen...«

▶ Spiel »Wunschbrunnen« (Wunschkiste)

»...Auf unserem weiteren Weg treffen wir, schon tief drinnen im Wald, auf einen halb verfallenen Brunnen. Ich beuge mich hinein und hole mir etwas heraus, was ich mir gerade in Gedanken gewünscht habe (Spielleiter stellt Gegenstand pantomimisch dar; Abwandlung der »Wunschkiste«!). Es ist ein Wunschbrunnen, jeder kann sich hier herausholen, was er gerade möchte...«

◗ Spiel »Efeu«

»...Noch tiefer im Wald stoßen wir auf die Mauer eines geheimnisvollen Schlosses... Wir können keinen Eingang finden. Da taucht plötzlich ein kleines graues Männchen auf und sagt, es könne uns in Efeu verwandeln, dann könnten wir einfach über die Mauer drüber wachsen... Gesagt, getan...«

◗ Spiel »Das Kopfweh des Königs/der Königin«

»...Auf diese Weise in das Schloß gelangt, gehen wir vorsichtig weiter und treffen auf den Stufen zum Thronsaal einen sehr traurigen König. Er erzählt uns, daß seine Frau, die Königin, verzaubert worden ist und seitdem unter schrecklichen Kopfschmerzen leidet und absolut kein Geräusch vertragen kann. Sie kann nur befreit werden, wenn es sechs Menschen gelingt, sich auf die drei Sitze rechts und links von ihrem Thron zu setzen, ohne daß sie es hört. Hört sie etwas, so muß der Betroffene auf der Stelle zu Stein erstarren. Wir wollen es den beiden zuliebe versuchen...«

◗ Spiel »Ring suchen«

»...Nach diesem Abenteuer und einer Rast im Schloß treten wir den Rückweg an. Plötzlich ruft jemand ganz entsetzt, er hätte seinen kostbaren Ring verloren, wir müssen ihn suchen...«

◗ Spiel »Zimmerhandball«

»...Am Stadtrand stoßen wir auf einen Sportplatz und einige machen den Vorschlag, uns wieder sportlich zu betätigen und auszutoben...«

◗ Spiel »Gruppenmärchen« (Hier nicht als Märchen, sondern als Phantasiemitteilungen über die gemeinsamen Erlebnisse).

»...Nach Hause zurückgekehrt sitzen wir noch bei einem Glas Wein eine Zeit gemütlich beisammen und tauschen uns über unsere Erlebnisse während des Ausfluges aus.«

Dieses Beispiel sollte nur zeigen, wie ein lockerer »roter Faden« aussehen kann und auch, wie sich Spielvorlagen mit geringen Variationen dann anpassen lassen. Ebenso könnten natürlich auch bestimmte Spielwünsche der Gruppe, Spiele-Typen (z.B. Darstellende Spiele; Tanzspiele), Spielgegenstände (z.B. »Was man mit einem Tischtennisball alles machen kann!«) für die Zentrierung eines Abends sorgen.

Wird einen ganzen Abend oder Nachmittag gespielt, dann empfiehlt es sich darauf zu achten, daß die Spielabfolge einen *Spannungsbogen* hat. Die Spielgruppe braucht zu Beginn eine *Anwärmphase*, die ihr ein allmähliches Einsteigen erlaubt. Im Mittelteil sollten verschieden stark fordernde Spiele abwechseln und der Schluß sollte ein allmähliches Abklingen der Aktivitätskurve ermöglichen, damit die Spieler das nicht erst nach Ende jeder für sich leisten müssen.

● Neben der Beschreibung und den Anmerkungen zu den einzelnen Spielen in der Kartei können Ihnen folgende allgemeine *Hinweise* und *Tips* bei der Durchführung helfen:

– Geben Sie den Mitspielern die Sicherheit, daß sie in einem Spiel nie mehr geben müssen als sie geben wollen (üben Sie keinen Druck aus, »überreden« Sie niemanden). Spielen muß Spaß machen und das kann es nur, wenn es als Angebot freiwillig wahrgenommen wird. Warten Sie ruhig das Zögern zum Mitspielen nach einer gestellten Spielaufgabe ab.

– Erklären Sie das Spiel und die zugehörigen Regeln so, daß wirklich alle verstehen, worum es geht. Ich kann als Gruppenmitglied nur mitspielen, wenn ich weiß worauf es ankommt und worauf ich mich einlasse. Regeländerungen können dann gemeinsam beschlossen werden.

– Wenn Sie ein Spiel zu einem Thema oder einer aktuellen Situation in einer Gruppensitzung vorschlagen, erklären Sie genau, warum Sie das tun und was es der gemeinsamen Arbeit bringen kann.

– Nehmen Sie auch die eventuellen Widerstände gegen einzelne Spiele ernst, überspielen Sie sie nicht. Die Zeit zum Gespräch darüber ist gut investiert. Besser es fällt ein Spiel aus, als daß die ganze Gruppe oder einzelne Mitglieder ihre Lust und ihr Vertrauen in diese gemeinsame Aktivität verlieren.

– Spielen Sie mit, wo immer es geht, das macht Spaß und hilft Ihnen eine neutrale Spielleiterrolle zu vermeiden.

– Lassen Sie sich für einzelne Spiele genügend Zeit und geben Sie der Spielgruppe auch Gelegenheit, sich über die gemachten Erfahrungen auszutauschen und diese ggf. gemeinsam zu verarbeiten. Das gilt besonders für situationsbezogene Übungen, aber auch für andere Spiele, die in der Gruppe etwas angestoßen haben.

Aufbau und Gliederung der Spielkartei:

● Die Spielkartei ist in sieben Abschnitte unterteilt, die wichtige Verwendungs- und Aktivitätsbereiche von Spielen angeben. Die Einordnung der Spiele in diese Sparten ist zum Teil notwendig willkürlich, da viele Spiele mehrere Bereiche abdecken. Zu einer ersten und groben Orientierung mag die Aufteilung dennoch hilfreich sein:

1 Kennenlern- und Einstiegsspiele

Diese Spiele eignen sich besonders als Einstieg bei Gruppen, deren Mitglieder sich nicht oder nur wenig kennen. Sie versuchen das »Eis des Anfangs« zu brechen, in Kontakt zu bringen und eine gemeinsame, erlebnismäßige Ausgangsbasis zu schaffen.

2 Wahrnehmungs- und Beobachtungsspiele

Das Bewußtsein für die eigenen Wahrnehmungsmöglichkeiten und die Erweiterung der Wahrnehmungsfähigkeit sind eine wichtige Hilfe, um mit sich selbst und anderen in Kontakt zu sein. Diese Spiele regen dazu an, mit verschiedenen Formen von Beobachtung und Wahrnehmung zu experimentieren und neue Erfahrungen zu machen.

3 Kommunikations- und Kooperationsspiele

In diesen Spielen können die Mitspieler verschiedene Formen der Verständigung, des Zusammenspiels und der gegenseitigen Ergänzung erleben sowie ihre Zusammenarbeitswünsche und -fähigkeiten einsetzen und weiterentwickeln.

4 Phantasie-, Ausdrucks- und Gestaltungsspiele, Darstellende Spiele

Die Spiele dieses Abschnittes versuchen die Lust und Freude am Phantasieren, an Gestaltung und Selbstausdruck anzuregen und kleine, überschaubare Rahmen dafür zur Verfügung zu stellen. Die Palette reicht von einfachen, risikolosen Darstellungsformen und Phantasiereisen bis hin zu gemeinsam gespielten Situationen und Spielfolgen.

5 Geschicklichkeits-, Konzentrations- und Wettkampfspiele

Der manuelle Umgang mit verschiedenen Gegenständen, der Einsatz des ganzen Körpers, aber auch Taktik und Überlegung bilden das Zentrum dieser Spielabteilung. Für manchen Spieler werden gerade hier vernachlässigte Fähigkeiten (und Vorbehalte) zu entdecken sein.

6 Bewegungs- und Tanzspiele

Bewegung als Element des gemeinsamen Tuns kommt in vielen Erwachsenengruppen so gut wie nicht vor, dabei ist sie gerade ein wichtiger Motor für Aktivität. Diese Spiele versuchen den ganzen Körper einzubeziehen und die Spieler in Kontakt mit sich und mit anderen zu bringen.

7 Gruppendynamische Übungen

Übungen sind eingegrenzte »Spielräume«, die das Erleben und die Aufmerksamkeit der Spieler auf einen kleinen Abschnitt von Leben lenken und hier in einem vereinbarten Rahmen Erfahrungen ermöglichen, die dann gemeinsam ausgewertet werden. Diese Auswertung ist konstitutiver Bestandteil einer Übung. Sie hilft intensive Erlebnisse im Schutz der Gruppe zu verarbeiten und mit den bisherigen Lebenserfahrungen zu verbinden. Interpretationen von Dritten sind hier nicht am Platz, die Mitspieler haben viel mehr davon, wenn die anderen ihnen ihre eigenen Reaktionen mitteilen.

Generelle Fragen für eine Auswertung sind: Was habe ich erlebt? Wie ist es mir dabei ergangen? Was ist mir deutlich geworden? Was will ich mit diesen Erfahrungen anfangen? (vgl. dazu auch die entsprechenden Anmerkungen auf den Spielkarteikarten)

Der Einsatz von Übungen sollte nicht ohne eine gründliche Situationsanalyse der Gruppe erfolgen. Ebenso ist es wichtig, Ziel und Auswertungsgesichtspunkte vorher zu überlegen. Wer hier gründlichere Kenntnisse und Anleitungen erwerben will, dem sei das »Handbuch für Gruppenleiter. Zur Theorie und Praxis der Interaktionsspiele« von Klaus Vopel empfohlen (s. Literaturverzeichnis).

Die Spielkartei enthält keine Blamage- oder Bloßstellungsspiele. In der Auswahl und Zusammenstellung habe ich versucht, die Elemente Bewegung, Wahrnehmung, zunehmende Ausdrucksfähigkeit, Auseinandersetzung und Zusammenspiel besonders zu berücksichtigen – und natürlich spielte eine Rolle, was ich selbst gerne spiele.

● Die Spielesammlung ist als DIN A 6-Kartei (Einzelkarten) angelegt. Sie kann aber auch in Buchform belassen und so benützt werden.

Bei der Karteianlage werden die Karten einfach auseinandergeschnitten und in eine geeignete Schachtel (Karteikasten) gestellt. Die verschiedenen Druckfarben der einzelnen Abschnitte, die großen Ziffern am oberen Rand und die Standortziffer rechts oben, erlauben eine schnelle Orientierung. Demselben Zweck dient die übrige graphische Aufteilung der Karteikarten:

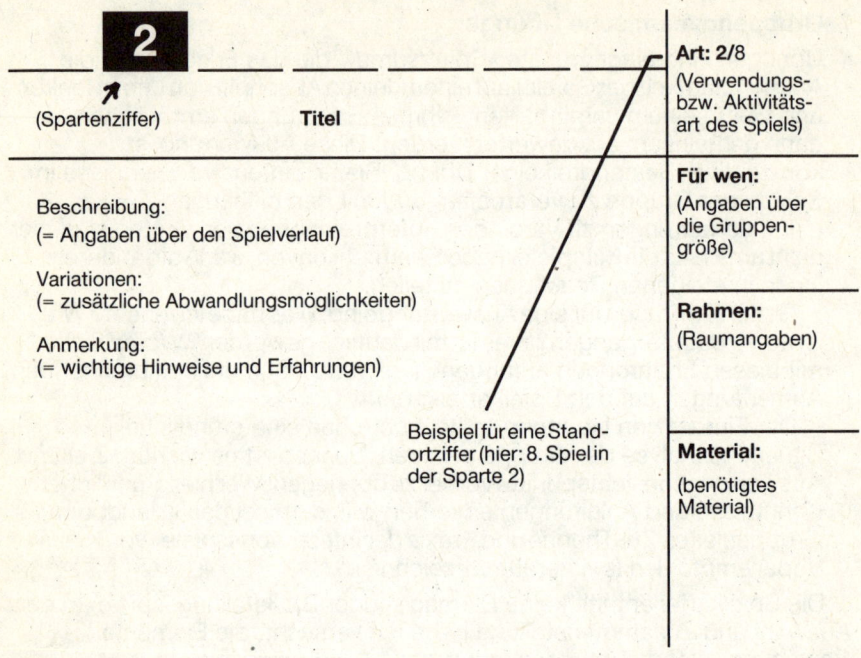

2 ↗

(Spartenziffer) **Titel**

Art: 2/8
(Verwendungs-
bzw. Aktivitäts-
art des Spiels)

Beschreibung:
(= Angaben über den Spielverlauf)

Variationen:
(= zusätzliche Abwandlungsmöglichkeiten)

Anmerkung:
(= wichtige Hinweise und Erfahrungen)

Für wen:
(Angaben über
die Gruppen-
größe)

Rahmen:
(Raumangaben)

Beispiel für eine Stand-
ortziffer (hier: 8. Spiel in
der Sparte 2)

Material:
(benötigtes
Material)

● Aus technischen Gründen sind in manchen Sparten leere Karteikarten ausgedruckt. Diese können als Vorlage für Ihre eigenen Ergänzungen und Erweiterungen der Kartei dienen. Ebenso sei Ihnen empfohlen, den verbleibenden Platz auf den einzelnen Karteikarten für Vermerke über eigene Erfahrungen bei der Erprobung und beim Einsatz der jeweiligen Spiele zu nutzen.

● Wenn Sie ein bestimmtes Spiel suchen, hilft Ihnen dabei das alphabetische Verzeichnis im Anhang.

Einem Teil der Spiele liegen Vorlagen aus folgenden Spielsammlungen zugrunde:

FRITZ, J.: Methoden des sozialen Lernens, München (Juventa). 1977
HÖPER, C.-J. u.a.: Die spielende Gruppe, Wuppertal (Jugenddienst), 1974
KÜHNE, W.: Spielkartei/Seniorenspiele, (Verlag gruppenpäd. Literatur) Wehrheim
SCHWALBACHER SPIELKARTEI, Wiesbaden (Verlag Haus Schwalbach), wird nicht mehr aufgelegt, vergriffen.

Spielkartei

Alphabetisches Spiele-Verzeichnis

Literatur und Materialhinweise

Baer, Ulrich: Kennenlernspiele – Einstiegsmethoden; Spielen und Lernen mit Großgruppppen; Remscheider Diskussions-Spiele; Lernziel: Liebesfähigkeit. Alle Hefte hrsg. in Zusammenarbeit mit der Akademie Remscheid für musische Bildung und Medienerziehung. Alle obigen Titel sind zu bestellen bei: Robin Hood Versand, Große Brinkgasse 7, 5000 Köln

Baer, Ulrich: Remscheider Spielkartei

Becker, Brigitte: Seniorenspiele. Verlag gruppenpäd. Literatur, 2. Aufl.

Bort, Wolfgang u.a.: Mini Spielkartei – eine Spielkartei für Kinder von 2-6 Jahren. Rhinozeros Spielewerkstatt.

Cornell, Josef bharat: Mit Kindern die Natur erleben. Ahorn Verlag, 1979.

Dörig, B.: Kreativität – praktisch. Impulse zur Methodik der Gruppenarbeit. F. Reinhardt Verlag, 7.-8. Tsd. 1982.

Fevre, Dale le: Das Kleine Buch der neuen Spiele. Ahorn Verlag, 1985.

Fluegelmann, Andrew: Die neuen Spiele band 2. Ahorn Verlag, 1982.

Fluegelmann, Andrew u.a.: Die neuen Spiele. Ahorn Verlag, 1976.

Fritz, Jürgen: Mainzer Spielkartei. Matthias Grünewald Verlag.

Fritz, Jürgen: Methoden des sozialen Lernens. Juventa, 1981[2].

Frör, Hans: Spielend bei der Sache. 81 Spiele für Schulklassen, Konfirmandengruppen und Gemeindekreise. C. Kaiser Verlag, 1982[9].

Frör, Hans: Spiel und Wechselspiel. Kommunikationsspiele für Gruppen; Material und Methodik. C. Kaiser Verlag, 1979[4].

Hoffmann, Wolfgang, u.a.: Das Umweltspielebuch. Ökotopia Verlag Münster, 1987[3].

Künne, W. u.a.: Spielkartei. Verlag gruppenpäd. Literatur, 8. Aufl. (einschl. Ergänzungen 1-7).

Kuhn, M.: Aktionsbuch für Freizeit, Fortbildung, Therapie und Alltag. Kreative Kommunikation in der Gruppe. H. Bauer Verlag, 1984.

Nold, Wilfried: Spiel- und Theateraktionen mit Kindern. Hugendubel, 1987.

Rabenstein, Reinhold: Lernen kann auch Spaß machen. Ökotopia Verlag Münster, 1986.

Rabenstein, Reinhold, u.a.: Großgruppenanimation, Ökotopia Verlag Münster, 1986[3].

Reichel, Gusti u.a.: Bewegung für die Gruppe. Ökotopia Verlag Münster, 1987[5].

Reichel, René (Hrsg.): Spielpädagogik. Ökotopia Verlag Münster, 1987.

Schwäbisch, L. u.a.: Anleitung zum sozialen Lernen für Paare, Gruppen und Erzieher. Kommunikations- und Verhaltenstraining. Reinbek, 1974.

Stevens, J./O.: Die Kunst der Wahrnehmung. Übungen der Gestalttherapie. C. Kaiser Verlag, 1977[3].

Vopel, K.W.: Interaktionsspiele (Hefte 1-7). ISKO Press, 1978.

Vopel, K.W.: Handbuch für Gruppenleiter. Zur Theorie und Praxis der Interaktionsspiele. ISKO Press, 1978.

Alle obigen Titel sind zu beziehen über:

**Spielevertrieb und Verlag
Hafenweg 26
D - 48155 Münster
Tel.: 02 51/ 66 10 35**

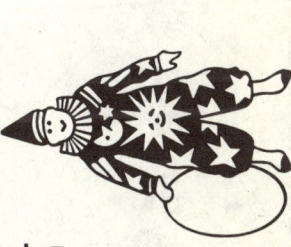

1

_____

Kennenlern - Karussel

Beschreibung:

Das Spiel bietet die Möglichkeit, die Hälfte der Gruppe schnell und zwanglos bewegt kennenzulernen. Die Teilnehmer bilden einen Doppelkreis, so daß sich jeweils zwei Teilnehmer gegenüberstehen und einander anschauen.
Sie tauschen sich jeweils kurz (1 Min.) zu der vom Spielleiter vorgeschlagenen Frage aus und gehen anschließend einen Partner nach rechts weiter. Diesen Wechsel vollzieht abwechselnd, einmal der Außenkreis, einmal der Innenkreis.
Fragen zum Austausch können etwa sein:
Wer bin ich? Wo komme ich her? Was bringt mich hierher? Was fällt mir an Dir auf? Wie geht es mir jetzt bei diesem Spiel? Was gefällt mir an Dir? Was wünsche ich mir jetzt? Wie geht es mir mit dem Thema unseres Treffens? Was habe ich heute schon interessantes/aufregendes/wichtiges/ärgerliches erlebt? Was nehme ich jetzt an mir wahr? Was will ich von Dir erfahren? usw.

b.w.

Für wen:
Gruppen mit 12- ca. 40 Teilnehmern

Rahmen:
freier Raum

Material:

–

1

_____

Selbstporträt

Beschreibung:

Das Spiel lockert die Anfangsatmosphäre in einer Gruppe durch ein erstes, vermutlich recht amüsantes gemeinsames Tun.
Jeder Spieler verfertigt von sich ein »Selbstporträt«. Dazu hält er mit der einen Hand das Zeichenblatt vor sein Gesicht und führt mit dem Stift in der anderen Hand Anweisungen des Spielleiters aus. Dieser gibt nacheinander an, was gezeichnet werden soll, z.B. das linke Ohr, das rechte Nasenloch, die linke Hälfte der Frisur, die Unterlippe , das linke Auge, usw.. Die Zeichner können dabei durchfühlen, was sie zu zeichnen haben. Sie dürfen ihr Werk erst nach der Fertigstellung betrachten.

Variation:

Möglich wäre es auch, in dieser Weise ein »Fremdporträt« zu zeichnen. Die Teilnehmer würden sich dabei paarweise zusammensetzen und jeweils auf dem Blatt des anderen nach den Anweisungen des Spielleiters zeichnen.

Für wen:
Gruppen mit 8- 30 Teilnehmern

Rahmen:
Sitzkreis

Material:

DIN A 4-Blatt und Filzstift für jeden Teilnehmer

Anmerkung:
Bitte achten Sie darauf, daß die Teilnehmer nach dem Spiel kurz Gelegenheit haben, sich über ihre Erfahrungen im großen Kreis auszutauschen.

Variation:
Die Fragen können bei der Verwendung als Einstieg in eine thematisch orientierte Veranstaltung natürlich auch bereits auf das entsprechende Thema bezogen sein. Zugang zu Teilnehmern und Thema kann so verknüpft werden.

1

Krokodilspiel

Beschreibung:

Die Teilnehmer sitzen im Kreis, einer hat den Gegenstand in der Hand und beginnt das Spiel. Er gibt den Gegenstand an seinen Nachbarn weiter mit folgendem Satz: »Mein Name ist Michael, und ich behaupte, das ist ein Krokodil«. Der zweite Teilnehmer nimmt das »Krokodil« und gibt es weiter mit dem Satz: »Ich habe das Krokodil von Michael, mein Name ist Sylvia und das ist ein Krokodil«. Der Gegenstand wird jetzt mit diesem Satz immer weitergegeben, und jeder Teilnehmer muß jeweils die Namen aller Personen nennen, die das »Krokodil« vor ihm in der Hand gehabt haben.

Variationen:

Etwas schwieriger wird das Spiel, wenn auch der Gegenstand seine Identität wechseln kann. Das geht dann etwa so: »Mein Name ist Marion, Michael behauptet zwar das sei ein Krokodil, Sylvia dagegen, es sei ein Regenschirm, ich aber behaupte, das ist ein grüner Steinbeißer.«

Möglich wäre auch, die Teilnehmer in unregelmäßigen Abständen während des Spiels die Plätze wechseln zu lassen.

Für wen:
Gruppen mit 10- 20 Teilnehmern

Rahmen:
Sitzkreis

Material:
irgendein Gegenstand (Krokodil)

1

Unterbrecherkontakte

Beschreibung:

Alle Mitspieler bewegen sich nach der Musik kreuz und quer durch den Raum.

Bei Abbruch der Musik wird eine Anweisung gegeben, die sofort, solange die Musik ausbleibt, erfüllt werden soll. Setzt die Musik wieder ein, so bewegen sich alle weiter durch den Raum.

Möglichkeiten für Anweisungen:

- Ganz schnell hintereinander alle 4 Ecken des Raumes berühren.
- Ganz schnell soviele Hände schütteln, wie man kriegen kann.
- Jeder sollte jetzt versuchen, sich auf den Mittelpunkt des Raumes zu stellen.
- Ganz plötzlich platt auf den Boden hinlegen und erst wieder aufstehen, wenn die Musik weitergeht.
- Während der nächsten Musikpassage sich nur auf einem Bein hüpfend fortbewegen, bis zur nächsten Anweisung.
- Sich einen Partner auswählen und sich ihm kurz vorstellen.

Für wen:
Gruppen mit 8- 30 Teilnehmern

Rahmen:
Raum zur Bewegung nötig

Material:
Musik

b.w.

– Sich einen Partner auswählen und mit ihm ein Denkmal darstellen
  u.a.m.

Anmerkung:

Die Teilnehmer sollten Gelegenheit haben, sich nach dem Spiel kurz
über die gemachten Erfahrungen auszutauschen.

1

_____ _____ _____ _____ _____

Kreuzwortnamen

Für wen:
Gruppen mit 20-
40 Tln.

Beschreibung:

Die Teinehmer schreiben ihren Namen/Vornamen in Druckbuchsta-
ben auf die ausgeteilten Zettel. Jeder Spieler muß dann herausfinden,
ob seine Mitspieler Namen/Vornamen haben, die mit irgendeinem
Buchstaben seines Vornamens beginnen, enden oder einen solchen
Buchstaben in der Mitte haben. Mit diesem Namen ergänzt er seinen
eigenen Namen kreuzwortartig auf seinem Zettel.
Wenn alle fertig sind, setzen sich die Spieler wieder im Kreis und versuchen nun, die gefundenen Namen und die entsprechenden Personen noch einmal zuzuordnen und diese zu benennen.

Rahmen:
Sitzkreis; Raum
zum Bewegen
nötig

Anmerkung:

Geben Sie den Mitspielern die Gelegenheit, am Ende des Spiels ihre
Erfahrungen auszutauschen.

Material:

Papier u. Stift für
jeden Tln.

1

_____ _____ _____ _____ _____

Atomspiel

Für wen:
Gruppen mit 20-
∞ Tln.

Beschreibung:

Die Teilnehmer bewegen sich als »Atome« frei durch den Raum. Die
Geschwindigkeit ihrer Bewegung bestimmt der Spielleiter durch Tem-
peraturangaben (0° = still stehen; ... 40° = schnell gehen; ... 60° =
laufen; ... 100° = hüpfen). Aus Atomen bilden sich Moleküle. Die Größe
der Moleküle wird wiederum durch den Spielleiter angegeben (Atomzahl 2 = zwei Tln. bilden durch Anfassen oder Umarmen das Molekül;
bei Atomzahl 5 sind es fünf Tln., usw.)
Auf das Stichwort »Atomzerfall« trennen sich die Teilnehmer wieder
und bewegen sich durch den Raum.

Rahmen:
großer Raum
bzw. draußen

Material:

–

Zipp-Zapp

Für wen:
Gruppen mit 15-
40 Tln.

Beschreibung:

Die Mitspieler fragen jeweils ihren rechten und linken Nachbarn nach dem Namen (je nach Vereinbarung auch nach weiteren Daten, z.B. Wohnort, Tätigkeit, Sternbild, Interessen usw.). Ein Spieler steht in der Mitte.

Dieser geht nun auf einzelne Spieler zu. Sagt er »Zipp«, so will er von diesem die Daten des linken Nachbarn hören, bei »Zapp« die des rechten.

Auf das Stichwort »Zipp–Zapp« wechseln alle ihre Plätze. Die Datenerforschung und das Spiel beginnen von neuem.

Wer sich verspricht oder die Angaben über den jeweiligen Nachbarn vergessen hat, löst den Mittelspieler ab.

Rahmen:
Sitzkreis

Material:

Anmerkung:

Mit diesem Spiel lassen sich in einem Kreis auch einmal Themen ansprechen, die in einem normalen Gruppengespräch schwer angehbar bzw. tabu sind.

–

Bayer. - Rundfunk - Spiel

Für wen:
Gruppen mit 5-
max. 30 Tln.

Beschreibung:

Ein Gruppenmitglied wird hinausgeschickt. Die übrige Gruppe verständigt sich über einen Begriff, eine Erscheinung oder (erfundene) Begebenheit (z.B. Häuser ohne Türen; Teilzeitarbeit für Männer und Frauen; Menschen mit vier Armen). Das wieder hereingerufene Mitglied wird mit seiner Aufgabe als Reporter vertraut gemacht. Es stellt einzelnen Gruppenteilnehmern jeweils die Frage: »Ich komme vom Bayerischen Rundfunk, was halten Sie von ... ?« Aus den gegebenen Antworten soll es den vereinbarten Begriff erraten.

Rahmen:
Sitzkreis

Material:

–

1

Ja - Nein - Plättchen

Für wen:
Gruppen mit 10-∞ Tln.

Beschreibung:

Das Spiel dient dazu, größere Gruppen schnell in Bewegung zu bekommen und erste Kontakte zu knüpfen. Jeder Spieler erhält 5 Plättchen, sucht sich einen Partner und beginnt ein Gespräch. Bei diesen Gesprächen ist nur eines verboten, nämlich »ja« und »nein« zu sagen, das kostet ein Plättchen an den entsprechenden Partner. Wer keine Plättchen mehr hat, kann sich in ein anderes Gespräch einschalten, um neue zu gewinnen.
Nach einiger Zeit bricht der Spielleiter das Spiel ab, und die Gruppe kann gemeinsam überlegen, welche Kriterien für den Gewinn des Spiels gelten sollen.

Rahmen:
freier Raum nötig

Variation:

Verwendet man zu dem Spiel kleine Papplättchen, so kann jeder Mitspieler zunächst auf seine 5 Plättchen seinen Namen schreiben. Das hilft dazu, während und nach dem Spiel die Namen der Partner zu behalten.

Material:

5 Spielplättchen (Pappe, Kronkorken, Streichhölzer) je Tln.

1

Tick-Spiel

Für wen:
Gruppen mit 20-50 Tln.

Beschreibung:

Auf jeweils zwei Kärtchen steht dieselbe Tätigkeit, Tierbezeichnung o.ä. (z.B. Trompete blasen, fliegen, Haus bauen, Frosch, Bäcker). Jeder Mitspieler zieht nun aus einem Hut eine Karte. Durch Spielen der entsprechenden Tätigkeit/Figur/Person müssen sich die Partner finden. Haben sich alle gefunden, trennen sich die Paare wieder, gehen durch den Raum und geben die Kärtchen verdeckt kreuz und quer weiter. Auf das Stichwort »Tick« drehen alle das Kärtchen um, das sie gerade in der Hand haben und suchen durch Spielen den neuen Partner.

Rahmen:
viel Raum nötig

Variation:

Statt gleicher Tätigkeiten können auch sich ergänzende Paare bezeichnet werden, z.B. Auto – Fahrer; Vogel – Käfig; Fisch – Wasser; Mann – Maus, etc..

Material:

Tickkarten (Tätigkeitenpaare)

Anmerkung:

Durch die Auswahl der Kärtchenbezeichnungen läßt sich die Darstellungsaufgabe sehr unterschiedlich mehr oder weniger schwierig gestalten.

Gruppenbilder

Für wen:
Gruppen mit 6-20 Tln.

Beschreibung:

Die Teilnehmer sitzen im großen Kreis, jeder hat einen Bogen Zeichenpapier vor sich. Es geht darum, gemeinsam Bilder zu malen (Möglichkeit der Verbindung mit dem Thema der Veranstaltung). Jeder darf nur eine Linie auf sein Blatt malen. Wenn alle mit ihrer Linie fertig sind, werden die Blätter im Uhrzeigersinn weitergegeben. Jetzt kann wieder jeder eine Linie malen und das Blatt wird wieder weitergegeben. Das geht solange, bis alle Blätter einmal die Runde gemacht haben. Wenn jeder sein Anfangsblatt wieder vor sich hat, kann er mit einer Linie das Blatt (die Zeichnung) vervollständigen und sich dazu einen Titel ausdenken.

Zur Auswertung werden die Zeichnungen aufgehängt, die Titel und die gemachten Erfahrungen ausgetauscht und besprochen.

Es kann nützlich sein, wenn jeder sein Anfangsblatt mit Namen kennzeichnet.

Rahmen:
Sitzkreis, Raum zum Zeichnen nötig

Material:

1 Filzschreiber u. Zeichenpap. f. jeden Tln.

Haupt- und Nebensender

Für wen:
Gruppen mit 10-∞ Tln.

Beschreibung:

Spieler, die sich noch nicht kennen, stellen sich mit Namen vor. In einer untereinander bekannten Gruppe bekommt jeder eine Nummer oder gibt sich einen Sendenamen (BBC, Luxemburg usw.).

Ein »Hauptsender« beginnt zu senden, indem er beide Daumen an die Schläfen legt und mit den anderen Fingern winkt. Seine beiden Nachbarn tun das, als »Nebensender«, nur mit der dem Hauptsender zugekehrten Hand. Der Hauptsender ruft nun einen neuen Sender auf und hört gleichzeitig selber auf zu senden, mit ihm seine Nebensender.

Bei Sendestörungen durch unaufmerksame Haupt- und Nebensender wird deren Betrieb eingestellt. (Arme verschränkt). Die Funktion von ausgefallenen Sendern muß von ihren Nachbarn übernommen werden.

Wird ein Abgeschalteter irrtümlich angerufen, so gibt er ein Störungszeichen, und der Hauptsender muß einen anderen Sender anpeilen. Welche 3 Sender bleiben übrig?

Rahmen:
Sitzkreis

Material:

–

b.w.

Variation:
Defekte Sender können über eine erfundene Spielregel der Gruppe im Laufe des Spiels wieder funktionsfähig gemacht werden (z.B. Berührung durch die beiden Nebensender u.ä.).

Gruppenbildung

Für wen:
Gruppen mit 10-
40 Tln.

Beschreibung:

Die Aufteilung in kleine Gruppen zu Beginn gibt die Möglichkeit, das erste Kennenlernen in einem überschaubaren Rahmen zu beginnen.

1. Zweier-Gruppenbildung
- Geburtstagsgruppen
  Die Tln. werden gebeten, auf einen kleinen Zettel (od. ihr Namenskärtchen) Tag und Monat ihrer Geburt zu schreiben. Partner für die Zweiergruppe, ist, wer dem eigenen Geburtstag am nächsten kommt.
- Gruppenbildungspuzzle
  Postkarten werden der Zahl der Tln. entsprechend in je zwei Teile zerschnitten. Diese Teile werden entweder vorher versteckt an den Stühlen befestigt, od. jeder Tln. zieht einen Teil aus einem Körbchen.
- Bändergruppen
  Es werden verschieden lange Bänder od. Wollfäden so geschnitten, daß immer zwei dieser Bänder gleich lang sind. Jeder Tln. zieht eines dieser Bänder u. findet seinen Partner dadurch, daß er sein

Rahmen:
Sitzkreis Raum zum Bewegen nötig

Material:

(Siehe Beschreibung)

Untermalter Spaziergang

Für wen:
Gruppen mit 8-
∞ Tln.

Beschreibung:

Alle Mitspieler werden eingeladen, an einem Spaziergang teilzunehmen. Der Spielleiter erzählt (die Spieler machen die entsprechenden Bewegungen nach):

»Der Spaziergang beginnt, bitte kommt alle mit. (Die Hände werden im Gehtempo auf die Knie geschlagen). Von der Straße kommen wir auf eine Wiese, da hört man das Gras rauschen. (Die Handflächen werden aneinander gerieben). Jetzt gehen wir über eine Brücke (die Fäuste schlagen gegen die Brust) und wieder auf eine Wiese (wie vorher) – halt, da ist ein Graben, wir gehen nocheinmal ein Stück zurück, nehmen Anlauf (schnelles Schlagen der Hände auf die Knie) und hopp (Hände hochheben) – sind alle darüber. Wo sind wir eigentlich? Laßt uns mal auf einen Baum steigen und Ausschau halten (die Fäuste werden aufsteigend übereinandergesetzt; alle erheben sich, steigen auf den Stuhl und halten Ausschau). Ah, ich sehe einen Weg, also steigen wir wieder herab (...) und wandern weiter (...). Aber ganz langsam – denn merkt ihr es – es geht aufwärts. Nanu, es ist ganz finster, das ist ja ganz unheimlich. Wo sind wir nur? Wir wollen uns mit der linken Hand vorsichtig vortasten – hu! (erschrockenes Zurück-

Rahmen:
Sitzkreis

Material:

–

Band so lange mit denen der anderen vergleicht, bis er das gleichlange Band gefunden hat.
- Blumengruppen (Bonbongruppen/Farbengruppen)
  Es werden Blumen verteilt. Dabei ist jede Blumensorte zweimal
  vertreten. Partner mit gleicher Blume bilden eine Gruppe (ebenso
  geht es mit versch. Bonbonsorten oder Farben).
- Sprichwortgruppen (Liedanfänge)
  Statt Postkarten werden hier bekannte Sprichwörter (Liedanfänge)
  auf Kärtchen geschrieben und in zwei Teile geschnitten. Sie sollen
  sich wieder richtig zusammenfinden.

2. Bildung größerer Gruppen

Auch die Bildung größerer Untergruppen kann mit einigen der oben
genannten Techniken auf eine locker und bewegte Art bewerkstelligt
werden.

So lassen sich z.B. größere Plakate als Puzzle auseinanderschneiden,
und zwar in so viele Teile, wie die Gruppen Mitglieder haben sollen.

Aufgabe ist es nun, nachdem jedes Gruppenmitglied einen Teil gezo-
gen hat, die Plakate wieder richtig zusammenzustellen. Ähnlich läßt
sich mit Märchenfiguren (auf Zettel geschrieben; Figuren aus je einem
Märchen gehören zusammen) o.ä.m. arbeiten.

Anmerkung:

Diese Art der Gruppenbildung eignet sich besonders auch für den
Einstieg in thematisch orientierte Vorhaben.

ziehen der Hand), da ist es ja ganz kalt. Und mit der rechten Hand –
iih! (ebenso). Da ist es ja ganz naß. Jetzt weiß ich es, wir sind in einer
Höhle. Da vorne ist die Biegung, da wollen wir uns hineinschleichen
(die Handflächen fahren vorsichtig über die Oberschenkel). Jetzt Hals
und Kopf vorstrecken – was ist denn das? Da sitzt ein riesiges grünes
Tier mit roten Augen und grinst uns an.

Jetzt aber nichts wie zurück: Aus der Höhle hinaus, die Straße hinunter, den Baum hoch, den Baum wieder hinunter, über die Wiese, hopp
– über den Graben, durch das Gras, über die Brücke, durch die Wiese,
auf die Straße und – eins, zwei, drei, vier, fünf die Treppenstufen hin-
auf, hinein ins Haus. Nun sind wir Gott sei dank wieder da. (alle Bewegungen werden in umgekehrter Reihenfolge wiederholt).

Variationen:

Vielleicht macht es Ihnen Spaß, solche Spaziergänge selbst zu erfinden. Wichtig ist es nur, die Reihenfolge beim Erzählen gut im Kopf
zu haben.

Eine andere Variante ist es, wenn Gruppenmitglieder aus dem Stegreif
ihren Spaziergang erfinden und mit der ganzen Gruppe spielen.

Ebenso kann ein Fortsetzungsspaziergang erfunden werden, bei dem
einzelne Mitspieler abwechselnd weitererzählen.

2

Fühlen und erkennen

Art: 2/1
Wahrneh-
mungsspiel

Beschreibung:

Die Spieler sitzen mit geschlossenen Augen im Kreis. Die Gegenstände (z.B. Schlüssel, Heftklammer, Haarklammer, Radiergummi, Nagel, Uhr, Bleistift, Kugelschreiber, Kreide, Mine) werden hinter dem Rücken der Spieler von einem zum anderen weitergegeben. Jeder hat die Aufgabe, so viele Gegenstände wie möglich zu erkennen und im Gedächtnis zu behalten. Die behaltenen Gegenstände werden anschließend aufgeschrieben und dann mit den in die Mitte gelegten, wirklichen Gegenständen verglichen.

Die Aufgabe ist um so schwerer, je ähnlicher die herumgegebenen Gegenstände sind.

Variationen:

Die Gegenstände können auch alle gemeinsam in ein Säckchen gegeben werden, und müssen dann durch dieses hindurch erfühlt werden. Bei dieser Variation darf der Kreis allerdings nicht zu groß sein, weil sonst die einzelnen Spieler zu lange warten müssen.

Man kann auch verschieden große Münzen herumgeben. Aufgabe ist es dann, den richtigen Gesamtbetrag der Münzen herauszufinden.

Für wen:
Gruppen mit 6-30 Tln.

Rahmen:
Sitzkreis

Materìal:
versch. kl. Gegenstände (s. Beschr.)

2

Ring suchen

Art: 2/2
Beobach-
tungs-, Kommunika-
tionsspiel

Beschreibung:

Die Spieler sitzen im Kreis und halten mit beiden Händen einen durchgehenden Woll- oder Schnurfaden, der so lang ist wie der Sitzkreisumfang. Auf diese Schnur wird ein Ring aufgezogen und die Fadenenden anschließend verknotet.

Der Ring wandert nun auf dem Faden von Spieler zu Spieler. Ein Mitspieler in der Kreismitte hat die Aufgabe herauszufinden, wo sich der Ring befindet. Indem alle Spieler ihre Fäuste an der Schnur ständig bewegen, versuchen sie den Mittelspieler zu täuschen. Der Spieler in der Mitte kann von jedem Spieler verlangen (3 Versuche), seine linke oder rechte Hand zu öffnen. Findet er den Ring dort, so ist der betreffende Spieler als nächster dran. Findet er den Ring in 3 Versuchen nicht, so kann ein Freiwilliger seinen Platz einnehmen.

Für wen:
Gruppen mit 10-30 Tln.

Rahmen:
Sitzkreis

Material:
Woll- oder Schnurknäuel; Ring

2

Gute Nase

Art: 2/3
Wahrneh-
mungsspiel

Für wen:
Gruppen mit 5-20 Tln.

Beschreibung:

Der Spielleiter hat eine Anzahl von kleinen Gefäßen vorbereitet, in denen sich z. B. ein Stück Kartoffel, ein Stück Zwiebel, etwas Pfefferminztee, ein Stück Orangenschale, ein Stück Zimt o.ä. befindet. Alle Mitspieler halten sich die Augen zu und versuchen, die entsprechenden Substanzen zu »erriechen«. Anschließend schreibt jeder auf einem Zettel auf, was er am Geruch erkannt hat.

Variation:

In ähnlicher Art können auch versch. Getränke (z.B. Tee, Kaffee, Milch, Saft, Wein, Bier oder versch. Teesorten) vorbereitet werden. Statt zu riechen, kann auch eine Geschmacksprobe (Käse, Pellkartoffeln, Karotten, Birne, Apfel, Sellerie, Petersilie, Champignons u. ä.) vorbereitet und erraten werden.

Rahmen:
Sitzkreis

Material:

(s. Beschreibung)

2

Max und Moritz

Art: 2/4
Wahrneh-
mungs-, Beobachtungsspiel

Für wen:
Gruppen mit 4-25 Tln.

Beschreibung:

Für das Spiel werden Karteikarten (DIN A 6 oder DIN A 5) mit Stichworten beschriftet, die sich paarweise zuordnen lassen (z. B. Max – Moritz; Goldmarie – Pechmarie; Kind – Kegel; Mann – Maus; Schneewittchen – Sieben Zwerge; Haus – Hof; Huhn – goldene Eier u. ä.). Diese vorbereiteten Karten werden gemischt und in der Kreismitte verdeckt ausgelegt. Jeder Spieler darf nun, wenn er an der Reihe ist, zwei Karten aufdecken. Wenn er ein zusammengehöriges Paar gefunden hat, gehört es ihm, und er darf noch einen weiteren Versuch starten. Wer die meisten Paare hat, hat gewonnen.

Variation:

Schwieriger wird das Spiel, wenn jeweils drei zusammengehörige Begriffe gefunden werden müssen (z. B. Vater – Mutter – Kind; Fichte – Kiefer – Tanne u. ä.).

Rahmen:
Sitzkreis mit viel Platz in der Mitte

Material:

vorbereitete Kärtchen

2

Räuberhauptmann

Für wen:
Gruppen mit 10-
∞ Tln.

Beschreibung:

Ein oder mehrere Spieler werden hinausgeschickt. Der Rest einigt sich auf einen »Räuberhauptmann«. Dieser hat die Aufgabe, versch. Bewegungen vorzumachen, die die Gruppe als »Räuberbande« nachmacht. Ein Spieler wird nun hereingerufen und soll durch Beobachten herausfinden, wer der Räuberhauptmann ist. Der Räuberhauptmann und die Gruppe werden dabei versuchen, die Übergänge von einer Bewegung zur anderen so fließend und unauffällig zu gestalten, daß es dem beobachtenden Spieler nicht leicht gemacht wird.

Rahmen:
Sitzkreis

Material:

–

2

Immer der Größe nach

Für wen:
Gruppen mit 6-
15 Tln.

Beschreibung:

Sechs bis acht Gruppenmitglieder stellen sich im Abstand von etwa je einem Meter nach Körpergröße nebeneinander. Ein weiteres Gruppenmitglied prägt sich diese Aufstellung während einer bestimmten Zeit genau ein.
Dann schließt es seine Augen. Die Gruppe verändert schnell die Aufstellung, behält die Abstände untereinander aber bei. Das »blinde« Gruppenmitglied versucht nun mit geschlossenen Augen, die ursprünglich fallende Größenlinie der Gruppe durch Umgruppierung wieder herzustellen.

Rahmen:
Raum nötig

Material:

–

2

Gerüchteküche I

Beschreibung:

Ein Spieler setzt irgendeine Vermutung in Umlauf (flüstert sie seinem Nachbarn ins Ohr). Dieser nimmt das Gerücht auf und fügt weitere Vermutungen hinzu.
Wenn jeder Spieler einmal dran war, wird die Endfassung des Gerüchtes mit der ersten Vermutung verglichen, vielleicht werden auch einige Zwischenstationen genannt.

Anmerkung:

Im Anschluß an das Spiel lohnt es sich, eine kurze Gesprächsrunde über die Entstehung und Bedeutung von Gerüchten zu haben.

Für wen:
Gruppen mit 8-20 Tln.

Rahmen:
Sitzkreis

Material:

–

2

Wer fehlt?

Beschreibung:

Während jeweils ein Gruppenmitglied nach draußen geschickt wird, bereitet die zurückgebliebene Gruppe eine Spielsituation vor, bei der eine wichtige Rollengestalt fehlt (z. B. Reisebus ohne Fahrer; Orchester ohne Dirigent; Vortrag ohne Redner; Schulklasse ohne Lehrer; usw.). Die Gruppe braucht es dem Wiederhereingekommenen nicht so leicht zu machen und sollte versuchen, die im Stück fehlende Rolle zu tarnen. Das Gruppenmitglied wird erst dann hereingerufen, wenn das Spiel schon im Gang ist. Sobald es glaubt, die Situation erkannt zu haben, beteiligt es sich am Spiel und übernimmt die fehlende Rolle.

Für wen:
Gruppen mit 6-25 Tln.

Rahmen:
Raum nötig

Material:

–

2

Was hörst du?

Beschreibung:

Alle Spieler halten sich die Augen zu (oder drehen sich mit ihrem Stuhl nach außen). Der Spielleiter macht in der Mitte verschiedene Geräusche, die von den Mitspielern erkannt und behalten werden sollen. Nach Abschluß der Geräuschrunde werden die Mitspieler gebeten, die wahrgenommenen Geräusche (evtl. in der richtigen Reihenfolge) aufzuschreiben und anschließend auszutauschen.

Solche Geräusche können etwa sein: Ein Streichholz anzünden; ein Stück Papier zerreißen; eine aufgeblasene Tüte zerknallen; in einer Schüssel mit Wasser plätschern; einen Brief mit einem Messer aufschlitzen; einen Korken aus einer Flasche ziehen; mit dem Finger schnippen; mit einem Schlüsselbund klappern; ein Buch zuklappen; einen Stuhl rücken usw..

Variation:

Die Geräusche können auch vorher auf Tonband aufgenommen werden und brauchen dann in der Gruppe nur noch abgespielt zu werden.

Für wen:
Gruppen mit 5-
∞ Tln.

Rahmen:
Sitzkreis

Material:

(s. Beschreibung)

2

Musik - Erleben

Beschreibung:

Die Gruppenmitglieder werden gebeten, sich einen Platz im Raum zu suchen, an dem sie ungestört und konzentriert liegen können.

Es empfiehlt sich, auf Decken zu liegen und eine Haltung zu wählen, die es erlaubt, 45 Minuten liegen zu bleiben.

Danach bittet der Spielleiter alle, die Augen zu schließen, um sich besser auf das Zuhören konzentrieren zu können. Er weist darauf hin, daß die ersten fünf Minuten dazu dienen, sich auf das Zuhören einzustellen.

Jeder konzentriert sich auf die Geräusche, die zu hören sind und versucht sie zu erkennen; z. B.: Vögelgezwitscher, Auto, Lärm, Atem usw.. Wenn nach Ablauf der 5 Minuten die Musik erklingt, braucht man diese nicht bewußt zu registrieren. Die Hörer können sich völlig durch sie »wegführen« lassen. Man läßt sie in sich klingen, durch sich hingehen wie durch ein Haus mit offenen Fenstern. Kurz gesagt: Was immer geschieht, man läßt es geschehen. Wenn die Musik nach Ablauf der 45 Minuten endet, kommen die Hörer langsam wieder von dieser Reise zurück. Jeder läßt sich dazu soviel Zeit, wie er nötig hat.

b.w.

Für wen:
Gruppen mit 6-
20 Tln.

Rahmen:
freier Raum nötig

Material:

geeignete Musik, ggf. Decken

Anmerkung:
Der Übergang vom aktiven zum passiven (unbewußten) Hören kann die Gruppenmitglieder auf die Spur ihrer eigenen kreativen Fähigkeiten (Phantasie, Träume, Bilder, Farben) bringen. Die Mitglieder sollten Gelegenheit haben, sich anschließend über die Erlebnisse und Erfahrungen während dieser Musikreise auszutauschen.

2

Geschichten ohne Worte

Beschreibung:

Jeder Mitspieler zieht sich einen Augenblick lang in sich zurück, um sich an etwas zu erinnern, was ihm kürzlich widerfahren ist und ihn stark betroffen hat.

Anschließend verteilen sich die Gruppenmitglieder über den Raum, setzen sich irgendwo bequem hin und lassen die Gefühle, die sie während des Erlebnisses hatten, noch einmal revuepassieren. Sie versuchen, sich an die Gefühle zu erinnern, die sie vor, während und nach dem Erlebnis hatten.

Danach sucht sich jeder einen Partner und setzt sich vor ihn hin. Einer beginnt und versucht den gesamten Gefühlsstrom während des erinnerten Erlebnisses noch einmal nachzuempfinden und auszudrükken. Sobald dieser »zu Ende erzählt« hat, versucht der andere das, was er gesehen hat, in Worte zu fassen und die Situation, an die es ihn erinnert hat, zu beschreiben. Danach werden die Rollen gewechselt.

b.w.

2

Mein Atem – Unser Atem

Beschreibung:

Die Gruppe legt sich so auf den Boden, daß jeder mit seinem Kopf auf dem Bauch eines anderen liegt und ein jeder einen Kopf auf dem eigenen Bauch hat. Sobald die Gruppe etwas ruhiger geworden ist und sich an diese ungewöhnliche »Zusammenstellung« gewöhnt hat, probiert ein jeder, auf das eigene Atmen zu achten und es langsam auf das Atmen der anderen abzustimmen.

Wenn der Spielleiter merkt, daß die Gruppe gleichmäßig atmet, bittet er sie, Bewegungen im Rhytmus des Atmens zu machen. Zunächst kleine Bewegungen mit Händen und Füßen, wobei der Kopf auf dem Bauch des anderen bleibt.

Allmählich versucht die Gruppe größere Bewegungen zu machen, sich voneinander zu lösen und im Rhythmus des Atems durch den Raum zu bewegen.

Am Ende dieser Phase sucht ein jeder wieder Kontakt zur Gruppe und bewegt sich im Rhythmus des Atems wieder auf den Boden zu, bis alle wieder liegen und das Geschehene langsam ausklingt.

b.w.

Anmerkung:
Dieses Spiel bedarf einer behutsamen Einführung. Wichtig ist der Hinweis, daß die Spieler versuchen, sich auf sich zu konzentrieren und nicht darauf, daß jemand beim »Nacherleben« zuschaut.
Die Paare und auch die Gesamtgruppe sollten anschließend Gelegenheit haben, sich über ihre Erfahrungen beim Nachspielen und Miterleben auszutauschen.

Anmerkung:
Der Spielleiter muß besonders darauf achten, daß sich beim Vergrößern der Bewegungen nicht auch das Atmen verstärkt und vertieft (Gefahr des Schwindeligwerdens). Normales, spontanes Atemholen ist und bleibt der Ausgangspunkt dieser Übung.
Die Gruppe sollte anschließend Gelegenheit haben, sich über ihre Empfindungen und gemachten Erfahrungen während der gemeinsamen Aktion auszutauschen.

2

Wahrnehmungskarussell

Für wen:
Gruppen mit 10-
40 Tln.

Beschreibung:

Die Spieler bilden einen Doppelkreis, so daß sich immer zwei von ihnen gegenüberstehen und einander anschauen.
Die Partner haben jeweils eine Minute füreinander Zeit und teilen sich abwechselnd mit: »Jetzt nehme ich an Dir wahr... jetzt nehme ich an mir wahr...« Danach wandert einmal der Außenkreis, das nächste Mal der Innenkreis usf. einen Partner nach rechts weiter, so lange, bis jeder Teilnehmer des Innenkreises mit jedem Teilnehmer des Außenkreises zusammen war.

Rahmen:
freier Raum zum
Bewegen

Anmerkung:

Dieses Spiel kann als Wahrnehmungsübung ausgewertet werden. Fragen dazu könnten etwa sein: Wieviel echte Wahrnehmungen und wieviel Interpretationen haben wir ausgetauscht? Was fiel mir leichter, bei mir oder beim Anderen wahrzunehmen? Wie erkläre ich mir das?

Material:

–

2

Rückenbotschaft

Für wen:
Gruppen mit 2-
∞ Tln.

Beschreibung:

Je ein Spieler sitzt auf einem Stuhl, ein weiterer stellt sich hinter ihn. Der stehende Spieler übermittelt dem Sitzenden eine Botschaft, indem er ihm Buchstabe für Buchstabe langsam auf den Rücken schreibt. Jedesmal, wenn ein Wort zu Ende ist, streicht er ihm mit der flachen Hand über den Rücken. Zur Antwort wechseln beide Partner die Plätze.

Rahmen:
Sitzkreis

Anmerkung:

Nach Ende des Spiels sollten die beiden Partner und auch der ganze Spielkreis gemeinsam Gelegenheit haben, sich über die gemachten Wahrnehmungs–und Kommunikationserfahrungen auszutauschen.

Material:

–

2

Art: 2/15

Wahrneh-
mungs-, Beob-
achtungsspiel

Zimmer - Kim

Für wen:
Gruppen mit 6-
40 Tln.

Beschreibung:

Ein oder mehrere Spieler verlassen das Zimmer. In ihrer Abwesenheit wird im Raum allerlei verändert (z.B. Bilder umgehängt, Personen umgesetzt usw.). Die wieder hereingerufenen Spieler (nacheinander oder gemeinsam) haben die Aufgabe, möglichst viele der Veränderungen zu entdecken.

Rahmen:
Sitzkreis

Variation:

Die Veränderungen können sich auch nur auf die anwesenden Personen beschränken (Tausch oder Veränderung von Kleidungsstücken, Frisuren u.ä.).

Material:

–

2

Art: 2/

(Name des Spiels)

Für wen:

Beschreibung:

Rahmen:

Material:

3

Radar - Spiel

Art: 3/1
Kommunika-
tions-, Wahr-
nehmungsspiel

Beschreibung:

Ein Spieler wird hinausgeschickt. Von den übrigen wird ein Gegenstand und eine damit zu vollziehende Tätigkeit vereinbart (z.B. ein Bild abnehmen, Zöpfe flechten, auf einen Stuhl steigen usw.). Durch leises bzw. zunehmend lauter werdendes Summen der ganzen Gruppe wird der wieder hereingerufene Spieler in die Nähe des Gegenstandes geleitet, mit dem er etwas anfangen soll. Durch eben solches an- bzw. abschwellendes Summen wird ihm die Nähe zu der richtigen Tätigkeit angezeigt, bis er sie vollzogen hat.

Für wen:
Gruppen mit 6-40 Tln.

Rahmen:
Sitzkreis

Material:

–

3

Kronen verschenken

Art: 3/2
Kommunika-
tions-, Koope-
rationsspiel

Beschreibung:

Jeder Spieler erhält 6 Kronkorken (Spielmarken). Der erste fängt an zu würfeln (mit 1-2 Würfeln). Hat er eine »1« gewürfelt, darf er einen Kronkorken in die »Staatskasse« tun, hat er eine »6«, verschenkt er den Kronkorken an jemanden in der Runde. Sollten mehrere Würfel die gleiche Augenzahl haben, darf er noch einmal würfeln. Wer zuerst seine Kronen verschenkt hat, ist Sieger.

Anmerkung:

Die Spieler sollten Gelegenheit haben, sich nach dem Spiel über die gemachten Erfahrungen auszutauschen.

Für wen:
Gruppen mit 3-10 Tln. oder Untergruppen

Rahmen:
Tischkreis

Material:

1-2 Würfel; pro Spieler 6 Kronkorken (Spielmarken)

3

Puzzle – selbst gemacht

Beschreibung:

Die Gruppe hat die Aufgabe, auf den Zeichenkarton ein gemeinsames Bild zu malen. Ist das Gruppenbild fertig, wird es auf der Rückseite in Quadrate eingeteilt und zerschnitten (Normalgröße 10 x 10 cm; je kleiner die Quadrate sind, desto schwieriger wird das Puzzle). Die Quadrate werden gemischt. Die nächste gemeinsame Aufgabe für die Gruppe ist es, ihr Gruppenbild wieder zusammenzusetzen.

Für wen:
Gruppen mit 3-10 Tln. oder Untergruppen

Rahmen:
Raum (evt. Tische zum Malen nötig)

Material:

großer Zeichenkarton; Filzstifte, Lineale, Scheren

3

Warum liebst Du es ...

Beschreibung:

Ein Spieler wird hinausgeschickt. Die Gruppe verabredet einen Gegenstand, der erraten werden muß. Der wieder hereingerufene Spieler darf zur Lösung dieser Aufgabe an seine Mitspieler nur jeweils folgende 3 Fragen stellen: Warum liebst Du es? Wo liebst Du es? Wie liebst Du es? Aus den Antworten muß er versuchen, den Gegenstand zu erschließen (3 Versuche).

Für wen:
Gruppen mit 6-20 Tln.

Rahmen:
Sitzkreis

Material:

–

3

Diktatspiel

Für wen:
8 Spieler, Rest Zuschauer

Beschreibung:

Es werden 4 Sekretäre/Sekretärinnen und 4 Chefs/Chefinnen bestimmt. Jeder Chef bekommt einen Sekretär zugeteilt, der jeweils in der gegenüberliegenden Ecke des Raumes sitzt. Jeder Chef bekommt einen Text, den er seinem Sekretär zu diktieren hat. Es wird gleichzeitig mit dem Diktieren angefangen. Bewertet wird nach Schnelligkeit und Zahl der Hörfehler.

Anmerkung:
Das Spiel ist im allgemeinen sehr lebhaft und laut.

Rahmen:
Sitzkreis

Material:

4 gleichlange Brieftexte, Papier und Schreibzeug

3

Fruchtbare Buchstaben

Art: 3/6
Kooperationsspiel

Für wen:
Gruppen mit 6-20 Tln.

Beschreibung:

Es werden zwei Parteien gebildet. Jede erhält ein Paket mit (gleichen) Buchstabenkarten (A, D, E, F, G, H, I, L, N, S, U, W). Aufgabe ist es, aus diesen Buchstaben möglichst viele Worte zu bilden. Jedes richtig zusammengestellte Wort wird vom Spielleiter für die entsprechende Partei gutgeschrieben. Den krönenden Abschluß bildet die Aufgabe, aus allen Buchstaben den Namen einer Stadt zu bilden (Hier: Ludwigshafen).

Die Namensfindung kann der Spielleiter ggf. durch eine allmählich deutlicher werdende Beschreibung der geographischen Lage der Stadt unterstützen.

Rahmen:
Sitzkreis

Material:

Buchstabenkarten

3

Mein letzter Wille

Beschreibung:

Ein Spieler, der seinen »letzten Willen« kundtun soll, wird hinausgeschickt. Unterdessen stellt die Gruppe gemeinsam eine Liste der Hinterlassenschaften des zu Beerbenden auf (z.B. das freundliche Lächeln, die Liebesbriefe, das überzogene Bankkonto, usf.). Der wieder hereingerufene Spieler wird nun gefragt, wem (der zunächst ungenannte) erste Gegenstand aus der Liste vermacht werden soll. Dabei kann der Spieler Personen im Kreis, aber auch andere Bekannte, Prominente, Vereine, Behörden und dergl. nennen. Erst danach wird genannt, was den entsprechenden Erben zugedacht wurde.

Für wen:
Gruppen mit 5-30 Tln.

Rahmen:
Sitzkreis

Material:

–

3

Konfetti – Konfetti

Beschreibung:

Die Spieler sitzen um einen oder mehrere Tische. Die Konfettis werden in die Mitte des Tisches geschüttet. Die Spieler haben die Aufgabe, allein und/oder miteinander diese Konfettis frei oder mit einer bestimmten Aufgabe verbunden (Darstellung einer Landschaft, im Zoo, Zusammenarbeit, usf.) zu gestalten.

Für wen:
Gruppen mit 4-12 Tln.

Rahmen:
Tischkreis(e)

Material:

einige Tüten (bzw. Locher) voll Konfetti

3

Kreuz–Wörter

Für wen:
Gruppen mit 8-20 Tln.

Beschreibung:

Es werden zwei Parteien gebildet: Jede erhält ein komplettes ABC (jeder Buchstabe auf einer Karteikarte).
Der Spielleiter nennt einen Buchstaben. Er wird bei beiden Parteien in die Mitte gelegt und soll nun nach rechts zu einem vollständigen Wort ergänzt werden. (Jeder Buchstabe kann dabei nur einmal verwendet werden).

Anmerkung:

Es empfiehlt sich, mit einfachen, d.h. häufig gebrauchten Anfangs- und Endbuchstaben von Worten zu beginnen und erst in den nächsten »Runden« den Schwierigkeitsgrad zu steigern.

Rahmen:
Sitzkreis

Material:

2 ABC (auf Karteikarten)

3

Familiengründung

Für wen:
Gruppen mit 16-40 Tln.

Beschreibung:

Jeweils 4 Gruppenmitglieder tun sich zu einer Familie zusammen. Jede Familie wählt sich einen Namen und schreibt für jedes Familienmitglied ein Zettelchen aus (z.B. Vater Maier, Mutter Maier, 1. Maier-Kind, 2. Maier-Kind). Die Familie setzt sich gemeinsam auf einen Stuhl, erst der Vater, dann die Mutter, dann die beiden Kinder. Der Spielleiter sammelt die Zettel ein und wirft sie in einiger Entfernung von den auf den Stühlen sitzenden »Familien« in die Luft. Jeder Teinehmer greift sich schnell einen Zettel, sucht seine neuen »Familienangehörigen« und setzt sich mit ihnen, wieder in der oben gen. Reihenfolge, auf einen Stuhl. Es muß sehr schnell gehen, da die Familie, die zuletzt sitzt, ausscheidet. Sieger ist die Familie, die beim letzten Durchgang als erste sitzt.

Rahmen:
Sitzkreis

Material:

kleine Zettel und Stifte

3

Einer geht auf die Reise

Art: 3/11
Kommunikationsspiel

Für wen:
Gruppen mit 8-25 Tln.

Beschreibung:

Ein Spieler, der »verreisen« soll, verläßt den Raum. Die anderen packen für ihn einen Koffer, indem jeder Gegenstände oder Eigenschaften nennt, die der »Reisende« besitzt oder die man gerne an ihm sehen würde (z.B. ein freundliches Lachen; eine Dose Schuhcreme; eine Prise Unpünktlichkeit; Kochkunst; enge Hose). Die Zurufe werden aufgeschrieben und der »Reisende« wieder hereingeholt. Ihm wird die Liste vorgelesen, und er hat die Aufgabe zu erraten, wer ihm die einzelnen Gegenstände und Eigenschaften mit auf die Reise gegeben hat.

Anmerkung:

Das Spiel ermöglicht den »Reisenden« und den Mitspielern, etwas darüber zu erfahren, wie die anderen sie sehen (ein Stück Fremdbild). Eine kurze Erfahrungsaustauschrunde sollte dem Spiel folgen.

Rahmen:
Sitzkreis

Material:

Papier und Stift

3

Blinzeln

Art: 3/12
Kommunikationsspiel

Für wen:
Gruppen mit 10-50 Tln.

Beschreibung:

Je ein Spieler sitzt auf einem Stuhl, ein anderer steht dahinter. Einer der stehenden Spieler hat vor sich einen unbesetzten Stuhl. Er versucht nun, durch unauffälliges Zublinzeln einen der sitzenden Spieler auf sich aufmerksam zu machen. Dieser versucht nun, rasch aufzuspringen und sich auf den leeren Stuhl zu setzen. Gelingt dieses Manöver, so ist der Spieler mit dem jetzt leeren Stuhl mit dem Blinzeln an der Reihe. Merkt er aber rechtzeitig, daß sein »Sitzpartner« gemeint ist, darf er ihn an den Schultern festhalten. Es ist wichtig darauf zu achten, daß die stehenden Spieler »in Ruhestellung« ihre Hände auf dem Rücken halten. Nach einer vereinbarten Zeit wechseln die Partner ihre Plätze.

Rahmen:
Stuhlkreis

Material:

–

Sprichwort - Maler

Art: 3/13
Kommunika-
tions-, Koope-
rationsspiel

Beschreibung:

Die Spieler teilen sich in Untergruppen auf. Von jeder dieser Gruppen kommt ein Mitglied zum Spielleiter und bekommt ein Sprichwort ins Ohr geflüstert (z.B. Viele Köche verderben den Brei; wer anderen eine Grube gräbt ... ; ein gutes Gewissen ist ein sanftes Ruhekissen usw.). Er hat nun die Aufgabe, mittels Papier und Stift dieses Sprichwort bildlich so darzustellen (ohne Schrift), daß seine Gruppe es erkennt. Wer es errät, läuft zum Spielleiter und holt sich ein neues Sprichwort. Die Gruppe, die mit der Sprichwortkette am schnellsten fertig ist, hat gewonnen.

In jede Gruppe kann ein Vertreter einer anderen Gruppe delegiert werden, der darauf achtet, daß der »Maler« nicht spricht.

Variationen:

– Dasselbe Spiel kann statt mit Sprichwörtern mit Liedanfängen (z.B. Sah ein Knab ein Röslein stehn ...) gespielt werden. Beide Spiele sind auch als Partnerspiele möglich, wobei die beiden Spieler sich gegenseitig Sprichworte (Liedanfänge) zum Erraten aufzeichnen.

Noch schwieriger wird die Aufgabe dieser Spiele, wenn es gilt, ab-

Für wen:
Gruppen mit 8-∞ Tln. (aufget. in Untergruppen)

Rahmen:
Sitzkreis

Material:

Papier und Stifte für jede Untergruppe

Raketen-Start

Art: 3/14
Kommunika-
tions-, Koope-
rationsspiel

Beschreibung:

Je zwei Spieler gehören zusammen. Einer spielt die Bodenstation, der andere (mit verbundenen Augen) den Astronauten, der eine Rakete (Ei auf dem Kochlöffel) in die Landerampe einbringen soll. Die Bodenstationen haben dabei die Aufgabe, die blinden Astronauten

Für wen:
jeweils 4 Spieler Rest Zuschauer

Rahmen:
freier Raum nötig

Material:

2 Kochlöffel; 2 Holzeier; Papierkorb; Augenbinden

strakte Begriffe (z.B. Freude, Trauer, Glück, Angst, Dank, Verwirrung usw.) zeichnerisch darzustellen und zu erraten.
– Statt zu malen könnte das Sprichwort (oder der Liedanfang) auch pantomimisch dargestellt werden.

entsprechend anzuleiten. Fällt die Fracht herunter, muß der Astronaut zur Bodenstation zurück und neu anfangen.

Variation:

Statt mit verbalen Anweisungen kann auch mit vereinbarten Summtönen (höher/tiefer, mehr rechts/mehr links) gearbeitet werden.

3

Organisationsgruppen

Beschreibung:

Die Spieler werden in Untergruppen aufgeteilt und sitzen in kleinen
Kreisen zusammen. Der Spielleiter stellt Organisationsaufgaben, die
von den Gruppen im Wettbewerb gelöst werden müssen. Die Gruppe,
die eine Aufgabe als erste erfüllt hat, bekommt einen Pluspunkt.
Es empfiehlt sich, hier zunächst mit einfachen Aufgaben zu beginnen
(z.B. bestimmte Gegenstände im oder außerhalb des Zimmers zu be-
sorgen), dann zu Aufgaben fortzuschreiten, die die Untergruppen nur
in Kooperation rasch lösen können (z.B. ein Lied singen; mit sich
selbst eine Plastik zu einem bestimmten Thema bauen; ein vorberei-
etes Puzzle zusammensetzen).

Für wen:
Gruppen mit 12-
∞ Tln.

Rahmen:
Sitzkreise

Material:

vorbereitete Or-
ganisationsauf-
gaben

3

Teekessel

Beschreibung:

Zwei Spieler verabreden miteinander einen Begriff, der zwei Bedeutungen hat (z.B. Hund: Tier – Wagen im Bergwerk; Ball: Fußball –
Fest; Leiter: Hühnerleiter – Direktor; Golf: Golfspiel – Meeresbucht
u.ä.). Die beiden Spieler umschreiben abwechselnd ihre »Teekessel-
chen«, die Mitspieler haben die Aufgabe, den entsprechenden Gegenstand zu erraten.

Variation:

Statt Wörter mit zwei Bedeutungen können auch solche »mit und ohne
Kopf« verwendet werden, z.B. Mast/Ast; Ostern/Stern; Brand/Rand;
Glaube/Laube; Stand/Tand; Nadel/Adel u.ä.

Für wen:
Gruppe mit 6-40
Tln.

Rahmen:
Sitzkreis

Material:

–

3

Immer anders, immer neu

Art: 3/17
Kommunikations-, Kooperationsspiel

Beschreibung:

»Immer anders, immer neu« ist ein Brettspiel mit sehr wenig vorgegebenen Regeln. Vereinbart wird, daß auf dem Karton als Spielplan gespielt wird und daß es ein Würfelspiel sein soll (selbstverständlich können auch diese Regeln geändert werden, aber es empfiehlt sich, zu Anfang mit einer leichten Vorgabe zu beginnen).

Aufgabe ist es nun für die Spielgruppe, weitere Vereinbarungen zu treffen, so daß mit dem gemeinsamen Spiel begonnen werden kann.

Mögliche Spielregel:

Jeder Spieler darf der Augenzahl seiner Würfel entsprechend Stationen auf dem Spielplan eintragen.

Jede 6 bedeutet: Der Spieler kann ein eigenes Feld eintragen und bestimmen, was dort geschehen soll (der Gruppe einen entsprechenden Vorschlag machen, über den ein gemeinsamer Beschluß nötig ist), oder der Spieler darf ein Stück Spielfeld ausmalen, bis die nächste 6 gewürfelt wird, oder der Spieler darf eine Abzweigung vom bisher gezeichneten Spielfeldweg anbringen usf.

b.w.

Für wen:
Gruppen mit 3-10 Tln.

Rahmen:
Tischkreis

Material:

großer Karton; Würfel; Spielmarken; Filzstifte

3

Gruppen - Plastik

Art: 3/18
Kooperations-, Gestaltungsspiel

Beschreibung:

Die Spieler haben die Aufgabe, aus der Umgebung, dem Garten, dem Wald oder von zuhause drei verschiedene Gegenstände (Materialien) mitzubringen (z.B. Tannenzapfen, Steine, Kaffeedose usw.).

Die Spieler werden in Gruppen eingeteilt, die aus den mitgebrachten Gegenständen gemeinsam »Kunstwerke« bauen sollen. Sie können dabei zusätzlich Papier, Leim, Draht, Klebebänder o.ä. verwenden. Zum Abschluß gibt jede Gruppe ihrem Kunstwerk einen Namen und stellt es den anderen vor.

Anmerkung:

Die Gruppenmitglieder sollten Gelegenheit haben, sich gemeinsam über die gemachten Erfahrungen während der Gestaltungsphase auszutauschen.

Für wen:
Gruppen mit 8-20 Tln.

Rahmen:
Arbeit an unempfindlichen Tischen

Material:

Leim, Draht, Klebebänder o.ä.

Wenn zwei Spieler auf ein gemeinsames Feld kommen, können sie eine Spielgemeinschaft gründen.

Die Gruppe kann mit den verschiedensten Spielregeln experimentieren, sie einführen, ausprobieren und evtl. gemeinsam wieder abschaffen, um für neue Platz zu machen.

Anmerkung:

So ein Spiel braucht zu seiner Entstehung eine ganze Menge Zeit (nicht unter 2-3 Std.), und sowohl das Spiel als auch die Gruppe durchläuft dabei erfahrungsgemäß Hoch- und Tiefphasen.

Die Spieler sollten nach Abschluß ihrer gemeinsamen Entwicklung Gelegenheit haben, sich über ihre Erfahrungen während des Spiels auszutauschen.

3

Personenraten indirekt

Für wen:
Gruppen mit 6-12 Tln.

Beschreibung:
Ein Spieler denkt sich eine Person in der Runde aus, die geraten werden soll. Die anderen Spieler können ihn nun fragen: »Was wäre der Betreffende, wenn er ein ... wäre«? In den Satz können von den einzelnen Spielern bliebige Gegenstände eingesetzt werden (z.B. Pflanzenarten, Tierarten, Kleidungsstücke, Farben, Gewürze, Möbelstücke usw.). Es kommt dabei nicht darauf an auszusagen, was der Erwartende liebt, sondern womit ihn der Spieler identifiziert. Wer meint, den Betreffenden geraten zu haben, kann es dem auswählenden Spieler ins Ohr flüstern und nun seinerseits die Fragen der anderen Mitspieler mitbeantworten.

Rahmen:
Sitzkreis

Variation:
Eine Person im Kreis meldet sich freiwillig: Jeder Spieler sagt reihum wie er diesen Menschen, verglichen mit einer Blume (oder anderen vereinbarten Begriffen) sieht. So entsteht bald ein bunter Blumenstrauß.

Material:

–

b.w.

3

Menschenbauspiel

Für wen:
Gruppen mit 8-20 Tln.

Beschreibung:
Der Spieler 1 wird vom Spieler 2 zu einem Teil eines »Gruppendenkmals« modelliert. Daraufhin wird 2 von 3 zum Spieler 1 hinzumodelliert. Spieler 3 wird dann vom nächsten in das entstehende Denkmal eingefügt, usw.. Der letzte modelliert sich selbst in die Einheit hinein. Es soll kein Teil des Denkmals isoliert stehen. Während des Spiels soll nicht gesprochen werden.

Rahmen:
freier Raum nötig

Anmerkung:
Die Spieler sollten Gelegenheit haben, sich hier über ihre Befindlichkeit als der jeweilige Denkmalsteil wie auch über ihre Erfahrungen beim Modellieren auszutauschen.
Bei sehr vorsichtigen Gruppen kann es eine Hilfe sein, die Regel einzuführen, daß sich ein Spielerbaustein gegen seinen Baumeister auch wehren darf, wenn ihm die vorgesehene Stelle oder Haltung absolut nicht entspricht. Darüber sollte dann in der Auswertung noch gesprochen werden.

Material:

–

b.w.

Anmerkung:
Bei diesem Spiel werden direkt Persönlichkeitseinschätzungen (Fremdbild) mitgeteilt. Die Gruppenmitglieder sollten Gelegenheit haben, sich über die Äusserungen und die gemachten Erfahrungen während des Spiels auszutauschen.

Variation: »Menschliche Maschine«
Hier soll die Gruppe eine Maschine darstellen. Dafür werden von der Gruppe gewählt: Ein Erfinder für die Maschine, ein Ingenieur und mehrere Arbeiter, die nach den Anweisungen des Ingenieurs die Maschine aus den übrigen Personen bauen.
Nach Fertigstellung wird die Maschine in Betrieb genommen, wobei die Spieler ihre Bewegungen mit Geräuschen begleiten und unterstreichen.

3

Würfeljagd

Art: 3/21
Würfelspiel

Für wen:
Gruppen mit 10-20 Tln.

Beschreibung:

Die drei Würfel werden in etwa gleichem Abstand im Kreis verteilt. Die Spieler, die die Würfel haben, beginnen auf das Startkommando hin mit dem Würfeln. Wer eine »6« hat, gibt den Würfel an den linken Nachbarn weiter, usf.. Hat ein Würfel bei dieser Jagd einen anderen eingeholt, so muß der Spieler, bei dem das geschieht, ausscheiden (bzw. bekommt einen Minuspunkt). Sein rechter und sein linker Nachbar erhalten je einen Würfel und das Spiel wird fortgesetzt. Man spielt entweder bis zum Übrigbleiben der letzten drei Spieler oder setzt eine Zeit fest, wobei dann eine »Siegergruppe« übrig bleibt oder die Minuspunkte zusammengerechnet werden.

Rahmen:
Tischkreis

Material:

3 Würfel

3

Stumme Juhle

Art: 3/22
Würfelspiel

Für wen:
Gruppen mit 4-12 Tln.

Beschreibung:

Wer bei diesem Spiel spricht, muß zur Strafe von vorne anfangen – daher der Name. Jeder Spieler wird mit Papier und Bleistift ausgerüstet. Es wird mit einem Würfel gespielt. Wer eine 1 wirft, schreibt diese Zahl oben auf seinen Zettel. Fällt bei einem der nächsten Würfe eine Zwei, wird diese Zahl unter die 1 geschrieben usw. bis 6. In den nächsten Runden werden die Zahlen bei entsprechenden Würfen wieder ausgestrichen. Wer das zunächst geschafft hat, ist Sieger.

Rahmen:
Tischkreis

Material:

1 Würfel; Schreibzeug und Papier für jeden Spieler

Art: **3**/23
Würfelspiel

Finke berupfen

Beschreibung:

Für wen:
Gruppen mit 4-12 Tln.

Finke oder Pinke heißt die abgebildete Spielfigur dieses uralten Landsknechts-Würfelspiels. Man zeichnet sie mit Kreide auf den Tisch oder mit Bleistift auf ein Blatt Papier. Es wird reihum mit zwei Würfeln und einem Lederbecher gespielt. Jeder bekommt die gleiche Anzahl Spielmarken (Streichhölzer; mindestens 25). Die geworfene Augenzahl muß auf das zugehörige Zahlenfeld gesetzt werden. Ist das Feld schon besetzt, darf der Spieler die Streichhölzer herausnehmen und so lange weiter würfeln, bis er eine zu einem unbesetzten Feld gehörige Augenzahl würfelt. Die sieben, auch »Stockhaus« genannt, darf nicht berupft werden. Wer diese Augenzahl wirft, muß setzen, ohne einkassieren zu können. Wirft ein Spieler die zwei oder die zwölf, darf er alle Felder plündern (auch die sieben) und kommt mit einem zweiten Wurf an die Reihe. Wenn er das Pech hat, bei diesem zweiten Wurf wieder eine zwei oder eine zwölf zu werfen, muß er die ganze Finke besetzen.

Rahmen:
Tischkreis

Material:

2 Würfel; einige Packungen Streichhölzer

Art: **3**/24
Würfelspiel

Nackter Spatz

Für wen:
Gruppen mit 4-12 Tln.

Beschreibung:

Es wird mit einem Würfel und dem Becher geworfen, und zwar wirft jeder für seinen rechten Nachbarn, vor dessen Platz er den Becher auf den Tisch stülpt. Die geworfene Augenzahl wird dem Nachbarn gutgeschrieben. Einzige Ausnahme: Zeigt der Würfel nur eine 1, einen »nackten Spatzen«, bekommt der Werfer, nicht der Nachbar, einen Punkt abgezogen. Nach einer vorher vereinbarten Rundenzahl wird zusammengerechnet.

Rahmen:
Tischkreis

Material:

1 Würfel;
(1 Becher)

3

Wörter bauen

Art: 3/25
Kommunika-
tions-, Koope-
rationsspiel

Beschreibung:

Reihum wird am Bau eines Wortes gebastelt. Jeder Spieler steuert einen Buchstaben dazu bei. Der erste sagt z. B. E und denkt an Eisenbahn, der zweite Er für Erdnuß, der dritte Ers für Erstbesteigung. Das geht so weiter bis zu einem vollen Wort oder einer »Sackgasse«. Wer dem Wörterbau einen neuen Buchstaben hinzufügt, darf natürlich nicht drauflos phantasieren, sondern muß wirklich ein bestimmtes Wort im Kopf haben. Jeder Spieler hat das Recht, seinen Vorgänger nach diesem Wort zu fragen, wenn er vermutet, daß geschummelt worden ist. Kann der Gefragte das Wort nennen, zahlt der Mißtrauische ein Pfand, andernfalls muß der »Schummler« selbst eines zahlen.

Für wen:
Gruppen mit 4-
20 Tln.

Rahmen:
Sitzkreis

Material:

–

3

Gruppen-Mal-Aktion

Art: 3/26
Kommunika-
tions-, Koope-
rationsspiel

Beschreibung:

Eine lange Papierbahn auslegen und mit schwarzem Filzstift in Felder (je nach Teilnehmerzahl) folgendermaßen einteilen:

Das Spiel besteht aus zwei Teilen:
1. Jeder Teilnehmer erhält eines der aufgeteilten Felder und malt darin nach Lust und Laune ein Bild.
2. Dann macht der Spielleiter darauf aufmerksam, daß jeder Teilnehmer eine Reihe von Nachbarn um sein Feld herum hat. Es soll versucht werden, ein großes, gemeinsames Bild zu erstellen, indem auch die Übergänge zu den Nachbarn gemalt werden. Es sollte dabei möglichst nicht gesprochen werden.

b.w.

Für wen:
Gruppe mit 4-20
Tln.

Rahmen:
viel Raum nötig

Material:

Zeitungsmakulatur, (Fingerfarben, Pinsel, Wasserbehälter)

Anmerkung:
Es empfiehlt sich, den Teilnehmern die Möglichkeit zu geben, sich
über die gemachten Erfahrungen während des Einzelmalens und
während der Zusammenarbeit mit anderen auszutauschen.

3

Efeu

Art: 3/27
Selbstentfaltungsspiel

Für wen:
Gruppen mit 8-20 Tln.

Beschreibung:

Die Teilnehmer hocken sich dicht gedrängt in der Mitte des Raumes auf den Boden und schließen die Augen. Der Spielleiter erzählt, sie mögen sich vorstellen, sie seien kleine Efeuranken, die langsam (bei leiser Musik) größer werden. Zunächst bewegt jeder Teilnehmer seinen Kopf, dann den Oberkörper; langsam steht jeder auf, reckt langsam die Arme empor, bewegt dann die Hand, die Finger und sucht langsam und vorsichtig für jede seiner beiden Hände eine andere, mit der er sich verbindet. Anschließend öffnen alle Teilnehmer die Augen und versuchen (ohne zu sprechen) das »Efeugewirr« zu entflechten.

Rahmen:
Möglichkeit, auf dem Boden zu sitzen

Anmerkung:

Die Spieler sollten Gelegenheit haben, sich über ihre Gefühle und Erfahrungen während des Spiels auszutauschen.

Material:

leise Musik

3

Vertrauens-Schlange

Art: 3/28
Kommunikations-, Vertrauensspiel

Für wen:
Gruppen mit 6-20 Tln.

Beschreibung:

Die Gruppe bildet eine Schlange durch Anfassen an den Schultern oder Händen. Nur der erste in der Schlange behält die Augen offen und führt die Gruppe über vorhandene oder gedachte Hindernisse, durch den Raum, das Haus oder den Garten, um Gegenstände herum, unter Gegenständen hindurch, in weiten Bögen und engen Schleifen, in der Hocke und auf den Zehenspitzen. Signale sollen nur durch Berührung weitergegeben werden.

Rahmen:
viel Raum zum Bewegen nötig

Variation:

Dieses Spiel läßt sich auch als Partnerübung durchführen. Ein sehender Partner führt den blinden, dann wird gewechselt.

Material:

–

Anmerkung:

Das Schlangengehen sollte nicht zu kurz sein, da es einige Zeit braucht, sich auf die Berührungssignale einzustellen. Wichtig ist, darauf zu achten, daß für manche Mitspieler, insbesondere Kreislaufschwache, das Blindengehen anstrengend ist. Die Spieler sollten Gelegenheit haben, sich über ihre Erfahrungen anschließend auszutauschen. Thema für eine solche Runde könnte sein: »Wie ging es mir mit meinem Vertrauen, wie ging es mir mit meiner Verantwortung (als Anführer, als Führer für das mir nachfolgende Gruppenmitlglied)?«

3

Lustiges Gefährt

Beschreibung:

Es werden Gruppen von 5-7 Teilnehmern gebildet, die die Aufgabe haben, sich so miteinander zu verschränken, daß ein Gefährt entsteht, das einen der Teilnehmer durch den Raum transportieren kann. Anschließend führen sich die verschiedenen Untergruppen ihre »Transportmittel« vor.

Für wen:
Gruppen mit 20-∞ Tln.

Rahmen:
viel Raum zum Bewegen

Material:

–

3

Die Sache mit dem Seil

Beschreibung:

Alle Spieler fassen gemeinsam ein am Boden liegendes Seil so an, als ob es eine kreisrunde Glasplatte wäre. Diese «Glasplatte» soll nun vorsichtig durch den Raum getragen, gehoben und gesenkt, gekippt und wieder abgelegt werden. Gemeinsam soll das Seil in die Form eines Rechteckes, eines Gesichtes o.ä. gebracht werden.

Anmerkung:

Die Spieler sollten Gelegenheit haben, sich über ihre Erfahrungen während der gemeinsamen Aktion auszutauschen.

Für wen:
Gruppen mit 8-20 Tln.

Rahmen:
freier Raum

Material:

ein langes Seil

3

Spiegelpantomime

Beschreibung:

Jeder Spieler sucht sich einen Partner. Die Partner stellen sich einander gegenüber auf. Dann beginnen sie, sich langsam zu bewegen, wobei sie die Bewegungen des anderen im selben Augenblick spiegelbildlich nachvollziehen. (Zu Beginn kann der Führende vereinbart werden; Wechsel!)
Nach einer vereinbarten Zeit werden die Partner gewechselt.

Anmerkung:

Die Spieler sollten Gelegenheit haben, als Paare, aber auch in der ganzen Gruppe, sich über ihre Erfahrungen während des Spiels auszutauschen.

Für wen:
Gruppen mit 8-
40 Tln.

Rahmen:
freier Raum nötig

Material:

–

3

(Name des Spiels)

Art: 3/
Bewegung

Beschreibung:

Für wen:

Rahmen:

Material:

4

Wunschkiste

Art: 4/1

Phantasie-, Darstellendes Spiel

Beschreibung:

Die Spieler sitzen im Kreis. Der Spielleiter erzählt (und spielt): »Neulich grub ich in meinem Garten, und was fand ich da – ein kleines Kästchen. Ich nahm es in die Hand, denn ich dachte mir, da ist sicher etwas wertvolles drin. Und wie ich es in die Hand nahm, wurde es immer größer und größer, ich konnte es gar nicht mehr schleppen. – Eine riesengroße Kiste. – Vorsicht, Füße weg! (Setzt die Kiste in der Mitte ab). Ich hole mir nun etwas heraus, was ich mir gerade gewünscht habe. Was ist das?«

Er holt pantomimisch einen Gegenstand aus der Kiste. Wer es errät (oder sonst Lust hat), kann sich auch etwas aus der Kiste holen.

Anmerkung:

Dieses Spiel eignet sich besonders als Einstieg in den Bereich von Pantomimik und Darstellung.

Für wen:

Gruppen mit 5-40 Tln.

Rahmen:

Sitzkreis

Material:

–

4

Telefonistin

Art: 4/2

Ausdrucks-, Kommunikationsspiel

Beschreibung:

Die Spieler sitzen mit geschlossenen Augen im Kreis. Der Spielleiter, die »Telefonistin«, dreht die große Wählscheibe eines gedachten Telefons. Er läßt das Telefon (durch Anstoßen) bei einem Spieler klingeln und sagt ihm, wer er nun sei. Dann stellt er die Verbindung mit einem Gesprächspartner wiederum durch Antippen her, und teilt auch diesem mit, wen er spielen soll. Beide Gesprächspartner bekommen auch gesagt, worüber sie sprechen sollten.

Beide stellen sich nun vor, weit voneinander getrennt zu sein, und nur durch das Telefon miteinander Verbindung zu haben. Am Ende des Gesprächs bricht der Spielleiter die Telefonverbindung wieder ab.

Anmerkung:

Dieses Spiel eignet sich besonders als Einstieg in den Bereich von Pantomimik und Darstellung.

Beispiel:

Frau Obermann aus Kiel wird mit Herrn Seifert aus München verbunden, um eine Verabredung fürs Wochenende zu treffen.

b.w.

Für wen:

Gruppen mit 6-20 Tln.

Rahmen:

Sitzkreis

Material:

–

Herr Reimann aus Argentinien ruft bei seiner Mutter in Nürnberg an, um ihr die Geburt der ersten Enkeltochter mitzuteilen, usw.

Variation:

Immer zwei Partner setzen sich Rücken an Rücken zueinander und telephonieren über ein vorgegebenes oder selbstgewähltes Thema miteinander.

4

Stab und Tuch

Art: 4/3
Phantasie-,
Darstellendes
Spiel

Beschreibung:

Mit einem Kochlöffel und einem Handtuch sollen im Spielkreis pantomimisch Situationen gespielt werden, in denen diese beiden Gegenstände in zentraler Bedeutung verwendet werden (z.B. das Tuch als »fliegender Teppich« und der Kochlöffel als »Fernrohr« eines Scheichs). Die Spielgruppe errät, was dargestellt wird.

Variation:

Es liegen verschieden Gegenstände (Requisiten) innerhalb des Spielkreises. Die Spieler haben Gelegenheit, über Möglichkeiten nachzudenken, was sich mit den Gegenständen im realen oder übertragenen Sinn darstellen läßt. Sobald jemand eine Idee hat, steht er auf und ergreift den entsprechenden Gegenstand (bzw. mehrere) und mimt seinen Einfall.

Anmerkung:

Das Spiel eignet sich besonders als Einstieg in den Bereich von Pantomimik und Darstellung.

Für wen:
Gruppen mit 8-30 Tln.

Rahmen:
Sitzkreis

Material:

1 Kochlöffel, 1 Handtuch

4

Geräusch - Pantomime

Art: 4/4
Ausdrucks-,
Phantasiespiel

Beschreibung:

Mit Hilfe von einzelnen bzw. einer Abfolge von verschiedenen nachgeahmten Geräuschen, versuchen einzelne Spieler (oder Untergruppen nach vorheriger Verabredung) ein Geschehen »darzustellen«. Die Spielergruppe soll erraten, was gemeint ist (z.B. »tropfender Wasserhahn«, »Starten eines Autos«, »bei der Morgentoilette«, »Hund trifft Katze« usw.).

Variation: »Lautkulisse«

Die Spieler sitzen im Kreis oder liegen auf dem Boden. Sie schließen die Augen und versuchen, zu einem vereinbarten Thema (z.B. Bahnhof, auf der Wiese, Tropfsteinhöhle, Kaufhaus u.ä.) Laute und Geräusche zu produzieren. Die Gruppe sollte dabei versuchen, einen zunehmend gemeinsamen »Lautrahmen« herzustellen.

Für wen:
Gruppen mit 4-20 Tln.

Rahmen:
Sitzkreis

Material:

–

4

Musik - Malen

Art: 4/5
Ausdrucks-
Spiel

Beschreibung:

Jeder Spieler setzt sich vor seinen Bogen Papier, versucht sich langsam in die Musik hineinzuhören und sie in Bewegung (Stift, Pinsel auf dem Blatt) umzusetzen.

Anmerkung:

Die ausgewählte Musik sollte unterschiedliche Hör- und Bewegungserfahrungen ermöglichen. Es kann ein interessantes Gespräch werden, wenn sich die beteiligten Spieler im Anschluß über ihre gemachten Erfahrungen austauschen können.

Für wen:
Gruppen mit 2-∞ Tln.

Rahmen:
Raum (Tische, Boden) zum Malen nötig

Material:

geeignete Musik; je Spieler 1 gr. Bogen Pap., Stifte o. Farben

4

Weltenbummler

Art: 4/6
Darstellendes Spiel

Beschreibung:

Die Spieler bilden Untergruppen von 6-8 Teilnehmern. Jede dieser Untergruppen bekommt als Spielvorgabe ein Land. In einer vorher vereinbarten Zeit beraten die Gruppen nun, wie sie das Land pantomimisch darstellen könnten (z.B., Wahrzeichen, Sitten und Bräuche, Umriß u.ä.).

Jede Gruppe spielt anschließend »ihr Land« den anderen Gruppenmitgliedern vor. Wer es erraten zu haben glaubt, flüstert es einem der Spieler dieser Gruppe ins Ohr; jede Gruppe soll die Möglichkeit haben, die verschiedenen ausgedachten Darstellungsformen vorzuführen, bis alle Gruppenmitglieder ihr gespieltes Land erkannt haben.

Für wen:
Gruppen mit 10-50 Tln.

Rahmen:
freier Raum zum Spielen nötig

Material:

–

4

Schreien ist gesund

Art: 4/7
Ausdrucks-
Spiel

Beschreibung:

Die Spieler stehen sich, in zwei Parteien aufgeteilt, in einem Abstand von mindestens 3 m gegenüber. Der Spielleiter sagt je einem Mitspieler jeder Partei ein Wort ins Ohr. Dieser Spieler stellt sich in die Reihe der Gegenpartei. Auf ein Zeichen des Spielleiters schreit er das Wort, während die neben ihm stehenden (Gegen-) Spieler seine Rufe durch eigenes, anders lautendes Geschrei zu übertönen versuchen. Die Partei des »Schreihalses« muß versuchen, das ihr zugerufene Wort herauszuhören. Anschließend ist der Einzelspieler der anderen Partei an der Reihe.

Variation:

Es kann auch vereinbart werden, daß die beiden »Schreihälse« gleichzeitig dran sind. Die Gruppen haben dann die doppelte Aufgabe, zu schreien und gleichzeitig auf ihren Mitspieler auf der anderen Seite zu hören.

Für wen:
Gruppen mit 10-
∞ Tln.

Rahmen:
freier Raum nötig

Material:

–

4

Geräuschkulisse

Art: 4/8
Ausdrucks-,
Darstellendes
Spiel

Beschreibung:

Die Spieler teilen sich in Gruppen auf und gehen in verschiedene Räume. Sie haben die Aufgabe, eine vom Spielleiter vorgegebene oder selbst erfundene Geräuschkulisse möglichst »echt« nachzuahmen (z.B. Schwimmbad, Bahnhof, Diskothek, Krankenhauszimmer, Großraumbüro, Toilette usw.). Nach einer gemeinsam vereinbarten Probezeit spielt jede Gruppe den anderen ihre Geräuschkulisse vor, diese haben zu erraten, »wo sie sich befinden«.

Für wen:
Gruppen mit 20-
∞ Tln.

Rahmen:
Räume für Untergruppen nötig

Material:

–

4

Untermalung

Beschreibung:

Es wird ein leichtes, bekanntes Musikstück oder Lied gespielt (Führung durch Musikinstrument oder Platte/Tonband). Alle anderen »Instrumente« (Orff'-sche, Kamm, Deckel, Dose mit Füllung, Flaschen, Tisch, Löffel usw.) versuchen dazu, eine ihnen mögliche Untermalung abzugeben.

Geht es am Anfang hauptsächlich darum, daß jeder die Möglichkeiten seines Instrumentes und seiner selbst kennenlernt, so kann in späteren Phasen versucht werden, gemeinsam Abfolgen und Klangelemente auszuprobieren und zu verfeinern.

Anmerkung:

Das Gelingen dieser Musikspielerei hängt, vor allem in ungeübten Gruppen, davon ab, daß leistungsfreies Ausprobieren und Experimentieren erfahrbar wird.

Für wen:
Gruppen mit 4-30 Tln.

Rahmen:
Sitzkreis

Material:

Musik-»Instrumente«, Musik auf Platte oder Band

4

Partner gesucht

Art: 4/10
Darstellendes
Spiel

Beschreibung:

Einander ergänzende Berufe, Positionsbeschreibungen werden vorbereitet, z.B.: Meister – Lehrling, Mutter – Kind, Dompteur – Löwe, Angel – Fisch, Orchester – Dirigent, Hase – Jäger, usw.. Jede Paarung wird auf zwei Zettel geschrieben (Jäger – Hase, Hase – Jäger) und in je einen Briefumschlag gesteckt. Die Spieler sitzen im Kreis und jeder zieht einen dieser Briefe. Die Position, die als erste dasteht, soll von dem Spieler dargestellt werden. Ein Freiwilliger geht also in die Mitte und mimt den Hasen solange, bis der Partner (Jäger) merkt, daß er gesucht wird und auch seine Rolle spielt. Erst jetzt darf der Name der Paarung gerufen werden.

Variation:

Es können in einer Position auch mehrere gleichartige zugeordnet werden (z.B. einem Jäger mehrere Hasen; einem Rattenfänger viele Ratten).

Für wen:
Gruppen mit 10-30 Tln.

Rahmen:
freier Raum zum Bewegen nötig

Material:

vorbereitete Briefchen (pro Spieler eines)

4

Gerüchteküche II

Art: 4/11

Phantasie-,
Kommunika-
tionsspiel

Für wen:
Gruppen mit 10-
∞ Tln.

Beschreibung:

Fünf Spieler werden hinausgeschickt. Die übrigen einigen sich auf ein »Gerücht«, das etwa 10 wichtige Einzelheiten enthält. Der erste Spieler wird wieder hereingebeten; ein Gruppenmitglied erzählt ihm das Gerücht und bittet ihn anschließend, es dem nachfolgend herein-kommenden Teilnehmer zu erzählen. Dieser hat dann die gleiche Auf-gabe im Blick auf seinen Nachfolger. Hat der 5. Teilnehmer das Ge-rücht gehört, erzählt er es noch einmal der ganzen Gruppe.

Rahmen:
Sitzkreis

Anmerkung:

Hier kann sich ein Gesprächsgang zur Entstehung, Entwicklung und Wirksamkeit von Gerüchten anschließen.

Material:

–

4

Die Wahlrede

Art: 4/12

Ausdrucks-,
Darstellendes
Spiel

Für wen:
2 Spieler aktiv,
Rest Zuschauer

Beschreibung:

In irgendeinem fernen Land ist ein Ministersessel frei geworden, um den sich zwei Kandidaten bewerben. Sie bekommen von dem gewitz-ten Staatspräsidenten die Aufgabe, ihre Vorzüge in einer Wahlrede von je 2-5 Minuten herauszustellen – und zwar nicht die eigenen Vor-züge, sondern jeweils die des Gegners. Wer am überzeugendsten nachzuweisen versteht, daß eigentlich sein Konkurrent die richtige Person für den Posten ist, soll neuer Minister werden.

Rahmen:
Sitzkreis

Variation:

Zwei Diskussionspartner bemühen sich, sich gegenseitig ihre eigene Nichteignung für einen bestimmten Posten (staatlich geprüfter Bu-chumblätterer, himmlischer Sternerleuchter, forstamtlicher Nadel-putzer, o.ä.) deutlich zu machen.

Material:

–

Zeitreise

Art: **4**/13
Phantasiespiel

Beschreibung:

Der Spielleiter führt die Phantasie der Gruppe: »Wenn möglich, legen Sie sich bequem auf den Rücken (oder setzen sich möglichst entspannt zurecht). Schließen Sie die Augen und nehmen Sie Ihren Körper wahr (...). Ziehen Sie Ihre Aufmerksamkeit von der äußeren Umgebung ab. Stellen Sie sich vor, Sie seien ein Bürger von München im 16. Jhd.. Werden Sie der Bürger und entdecken Sie, wie das ist, so zu sein (...). Lassen Sie Ihre Phantasie sich entwickeln (...). Welchen Beruf üben Sie aus? (...) Welche Kleidung tragen Sie? (...) Stellen Sie sich den Raum vor, in dem Sie arbeiten (...), in dem Sie Ihren Feierabend verbringen (...), das Haus, in dem Sie wohnen (...), die Straße, in der das Haus steht (...). Gehen Sie die Straße entlang. Was sehen Sie? (...) Betreten Sie das Haus, in dem Sie wohnen. Gehen Sie durch die verschiedenen Räume (...). Wen treffen Sie dort? (...) Worüber unterhalten Sie sich? (...) Jetzt ziehen Sie sich in Ihr Gemach zurück (...). Sie verabschieden sich von diesem Zeitalter ... und gehen wieder in die Jetztzeit zurück (...). Sie sind jetzt wieder hier, öffnen die Augen, nehmen Ihre Umgebung wahr (...).

b.w.

Für wen:
Gruppen mit 8-20 Tln.

Rahmen:
Raum zum Sitzen oder Liegen

Material:

–

Gruppenmärchen

Art: **4**/14
Phantasie-, Gestaltungsspiel

Beschreibung:

Die Spieler sitzen mit dem Rücken zueinander im engen Kreis (oder liegen mit den Köpfen nach innen: Stern). Ein Mitspieler beginnt eine freierfundene Geschichte oder ein Märchen: »Es war einmal ...«
Er erzählt ein Stück, solange er Lust hat; wo er aufhört, kann ein anderer Spieler den Faden aufnehmen und nach seinen Einfällen und Gedanken weiterspinnen.

Variation:

Folgende Strukturhilfen können das Geschichtenerzählen, vor allem ungeübten Gruppen, erleichtern:
– Der Spielleiter gibt einen beliebigen Gegenstand vor und fängt eine Erzählung an, die sich um diesen Gegenstand rankt. Dann gibt er den Gegenstand weiter und der Empfänger kann die Erzählung fortsetzen, eine neue Geschichte beginnen oder auch einfach den Gegenstand an einen anderen Spieler weiterreichen.
– Es wird ein Wollknäuel vorbereitet, in das in verschiedenen Abständen ein Knoten oder ein Bonbon eingeknüpft wird. Ein Freiwilliger

Für wen:
Gruppen mit 6-20 Tln.

Rahmen:
freier Raum zum Sitzen (oder Liegen)

Material:

(siehe Beschr.)

Die Spieler sollten nach dieser Phantasiereise die Gelegenheit haben,
sich zunächst im kleinen Kreis und dann vielleicht auch in der ganzen
Gruppe über Ihre Reiseerfahrungen, Erinnerungen, Wahrnehmungen
und Empfindungen auszutauschen.

nimmt das Wollknäuel in die Hand und beginnt ein Märchen oder eine
Geschichte, wobei er den Faden langsam durch die Hände gleiten
läßt. Kommt er an einen Knoten (Bonbon), bricht er die Erzählung ab
und überläßt seinem linken Nachbarn Faden und Fortführung der Geschichte.

Anmerkung:
In Gruppen, die schon längere Zeit zusammenarbeiten, kann das
Gruppenmärchen eine Hilfe und ein Anstoß sein, ein Stück der bishe-
rigen gemeinsamen Geschichte phantasierend zu verarbeiten.

4

Spaziergang

Art: 4/15
Phantasiespiel

Beschreibung:

Der Spielleiter gibt etwa folgende Anleitung: »Schließen Sie die Augen. Stellen Sie sich vor, Sie gehen auf einer Betonstraße; eben, ohne Steigung, gerade bis zum Horizont; es ist wolkenloser Himmel; rechts und links der Straße ist eine Ebene, steinige Wüste, grau und immer gleich anzusehen (...). Gehen Sie diese Straße entlang, km für km (...). Halten Sie nach 5 km an. Wie geht es Ihnen jetzt? (...) Und nun machen Sie einen zweiten Spaziergang. Sie sind in einem Wald. Was für ein Wald ist das? Schauen Sie sich genau um (...). Was hören Sie? (...) Es hat vorher etwas geregnet, jetzt ist es warm und sonnig. Atmen Sie tief ein. Saugen Sie die Luft durch Ihre Nase. Was riechen Sie? (...) Am Wegrand steht ein alter Baum. Wie sieht er aus? (...) Wie fühlt sich·seine Rinde an? (...) Sie gehen den Weg entlang. Nehmen Sie wahr, wie sich der Wald verändert (...). Sie haben Schuhe und Strümpfe ausgezogen. Sie spüren den weichen, etwas kühlen Boden des Weges (...). Stellenweise liegen Steine auf dem Weg; manchmal ist der Boden lehmig, schlüpfrig (...). Der Weg wird enger und etwas

Für wen:
Gruppen mit 4-30 Tln.

Rahmen:
Raum zum bequemen Sitzen od. Liegen

Material:

–

4

Schattenspiel

Art: 4/16
Darstellendes Spiel

Beschreibung:

In einem verdunkelten Raum sitzt ein Teil der Spieler vor, der andere hinter der Leinwand, auf die eine Lichtquelle gerichtet ist. Die Schattenspiele vollziehen sich zwischen Lichtquelle und Leinwand, die Zuschauer verfolgen das Geschehen von der anderen Seite der Leinwand her mit.

Möglichkeiten:
– Einzelne Spieler vereinbaren gemeinsam Handlungsabfolgen, die von den Zusehenden erraten werden sollen.
– Die Spielerrunde macht Vorschläge, die von einzelnen oder mehreren Spielern in die »Schattentat« umgesetzt werden.
– Schattenspieler bewegen sich zu gesungenen oder geklatschten Rhythmen der Spielergruppe.
Gruppen, die hier anfangen zu experimentieren, werden sicher noch auf viele eigene und neue Ideen kommen.

Für wen:
Gruppen mit 6-∞ Tln.

Rahmen:
viel Raum nötig

Material:

aufgespanntes Bettuch, Lampe od. Projektor

steiler; Zweige streifen Ihr Gesicht. Sie spüren die Nässe der Blätter im Gesicht (...). Die Sonne scheint auf Blätter und Gräser und läßt sie in verschiedenen Grüntönen leuchten (...). Sie kommen an eine Wiese. Schauen Sie sich um (...). Sie legen sich in das schon nicht mehr feuchte Gras, strecken Arme und Beine von sich; Ihre Handflächen streichen über Blumen und Gräser (...). Sie sehen sich einige Blumen und Gräser genauer an. Was sehen Sie? (...) Sie hören Vögel und das Summen von Insekten (...). Die Sonne wärmt Sie (...). Wie fühlen Sie sich jetzt? (...) Denken Sie an Ihren ersten Spaziergang (...), vergleichen Sie beide miteinander (...).«

Anmerkung:
Die Spieler sollten genügend Zeit haben, die jeweiligen Bilder bei sich kommen zu lassen. Sie sollten auch Gelegenheit bekommen, sich über ihre Erlebnisse und Empfindungen während dieser Phantasiereise in Paaren und/oder gemeinsam mit der ganzen Gruppe auszutauschen.

4

Wo bin ich?

Art: 4/17
Darstellendes
Spiel

Beschreibung:

Ein Spieler wird hinausgeschickt. Die übrigen vereinbaren eine Situation, die dem wieder hereingerufenen Spieler pantomimisch dargestellt wird (z.B. im Theater, beim Autorennen, auf dem Tennisplatz, in einer Straßenbahn). Der Spieler muß herausfinden, in welche Situation er geraten ist.

Für wen:
Gruppen mit 10-
∞ Tln.

Rahmen:
Sitzkreis (variabel)

Material:

–

4

Mimische Kette

Art: 4/18
Darstellendes
Spiel, Kommunikationsspiel

Beschreibung:

4-8 Mitspieler werden hinausgeschickt. Die zurückgebliebene Gruppe vereinbart eine Tätigkeit (Handlung), die von einem aus ihrer Runde dem ersten hereingerufenen Spieler pantomimisch vorgespielt wird. Glaubt dieser, die entsprechende Tätigkeit erkannt zu haben, wird der nächste hereingerufen und sein Vorgänger spielt nun seinerseits diesem die vermutete Tätigkeit (Bewegungsabfolge) vor, usf.. Der letzte Spieler teilt dann mit, was er bei seinem Vorgänger erkannt hat.

Für wen:
Gruppen mit 10-
40 Tln.

Rahmen:
Sitzkreis

Material:

–

4

Ball - Spiele

Art: **4**/19

Ausdrucks-, Darstellendes Spiel

Beschreibung:

Die Spieler finden sich zu Paaren zusammen, die sich im Raum verteilen. Alle Paare bekommen Phantasiebälle, mit denen sie nun spielen sollen. Die Art des Balles verändert sich von Zeit zu Zeit und damit auch die Art, mit ihm umzugehen (Fußball, Luftballon, Handball, Tonkugel, Medizinball, Golfball, Tischtennisball usw.).

Nach einer gemeinsamen Probierzeit kann jedes Paar vor den anderen ein ausgewähltes Ballspiel darstellen. Die anderen versuchen zu erraten, was hier gespielt wird.

Für wen:
Gruppen mit 8-30 Tln.

Rahmen:
freier Raum nötig

Material:
–

4

Vaters Kragenknöpfchen

Art: **4**/20

Darstellendes Spiel

Beschreibung:

Die Spieler haben die Aufgabe, den Text: »Hast Du meines Vaters Kragenknöpfchen nicht gesehen?« auszugestalten. Dieser Text soll gesprochen und gespielt werden als
- klassische Tragödie (dramatisch, in dumpfer Trauer)
- modernes Salonstück (leicht und lässig)
- Krimi (glashart und geheimnisumwittert)
- Bauernschwank (in beliebiger Mundart)
- Oper oder Operette (gesungen)
- Komödie (betont lustig)

Für wen:
Je 2-4 Spieler, Rest Zuschauer

Rahmen:
freier Raum nötig

Material:
–

4

Vereinsspiel

Art: 4/21
Darstellendes Spiel

Beschreibung:

2 oder 3 Mitspieler werden hinausgeschickt. Die übrigen Teilnehmer einigen sich darauf, einen bestimmten Verein darzustellen (z.B. »Verein zur Förderung des städtischen Baumbestandes«, »Verein zur Verbreitung des Bauchredens«). Sobald die nach draußen geschickten Mitspieler wieder da sind, beginnt der »Verein«, eine Sitzung abzuhalten. Dabei bemühen sich die Spieler, durch ihre Wortbeiträge nicht zu deutliche Hinweise auf die Art des Vereins zu geben bzw. die Ratenden auf eine falsche Fährte zu locken. Nach einer vorher vereinbarten Zeit sollte das Rateteam sich kurz beraten und dann mitteilen, um welchen Verein es sich handelt.

Für wen:
Gruppen mit 10-40 Tln.

Rahmen:
(siehe Beschr.)

Material:

–

4

Maskenbildner

Art: 4/22
Gestaltungs-spiel

Beschreibung:

Die Spieler werden in Untergruppen zu je 3 Mitgliedern aufgeteilt. Jede Gruppe erhält einen aufgeblasenen Luftballon und das entsprechende Material. Aufgabe ist es nun, innerhalb einer vereinbarten Zeit (10-30 Min.) dem Luftballon ein Gesicht zu gestalten. Den so entstandenen »Personen« kann ein Name gegeben werden.
Vielleicht hat die Gruppe anschließend Lust, gemeinsam ein Stück zu erfinden, in dem die entstandenen Ballonpersonen vorkommen, und dieses Stück dann auch gemeinsam zu spielen.

Für wen:
Gruppen mit 6-30 Tln.

Rahmen:
Raum für Arbeitsplätze in Untergruppen nötig

Material:

Luftballons; Scheren, Kleber, farbiges Papier (evtl. Wolle, Bast u.ä.)

4

Basar

Art: 4/23

Ausdrucks-, Gestaltungs- spiel

Beschreibung:

Zwei gleichgroße Spielergruppen (ca. 6 bis 8 Tln.) setzen sich gegen- über. Die eine Gruppe spielt Touristen auf einer Pauschalreise, die in einen Basar kommen. Die andere Gruppe spielt Einheimische, die den Touristen etwas verkaufen wollen (pantomimisch oder mit Wor- ten). Nach einer vereinbarten Zeit tauschen die Gruppen ihre Rollen.

Anmerkung:

Die Spieler sollten Gelegenheit haben, sich über ihre Wahrnehmun- gen, Beobachtungen und Erfahrungen während des Spiels auszutau- schen.

Für wen:
Gruppen mit 12- 30 Tln.

Rahmen:
freier Raum nö- tig

Material:

–

4

Modenschau

Art: 4/24
Gestaltungs- spiel

Beschreibung:

Die Spieler werden in Untergruppen zu je 5 aufgeteilt. Jede Gruppe bekommt einige Rollen Krepp-Papier (bzw. Requisiten). Sie bestimmt aus ihrer Mitte ein Mannequin/Dressman und hat die Aufgabe, aus dem gegebenen Material ein Modell der neuen Mode zu gestalten. Die Modeschöpfungen der Gruppen werden gegenseitig vorgestellt, erläutert und besprochen.

Für wen:
Gruppen mit 10- 40 Tln.

Rahmen:
Raum nötig

Material:

verschiedenfar- bige Rollen Kreppapier (od. andere Requisi- ten)

4

Umwelt verändern

Art: 4/25
Phantasie-, Entwicklungsspiel

Beschreibung:

Den Spielern (Gesamtgruppe oder Untergruppen) wird ein Großprojekt oder ein Problem vorgestellt. Beispiele: Grüne Sahara; Abschaffung des Individual-Verkehrs; Zu-Ende-Gehen der Ölreserven; saubere Flüsse usf. Die Spieler können zunächst in einen (evtl. nur vorgestellten) Korb in der Mitte ihre Einfälle und Lösungsvorschläge ablegen. Diese werden anschließend kritisch diskutiert, verworfen und erweitert.

Aus den eingebrachten Vorschlägen können auch ein bis drei ausgewählt werden, die dann von entsprechend gebildeten Parteien argumentierend vertreten werden.

Für wen:
Gruppen mit 8-∞ Tln., (evtl. Untergruppen)

Rahmen:
Sitzkreis

Material:

–

4

Märchen - Mixer

Art: 4/26
Phantasie-, Darstellendes Spiel

Beschreibung:

Die Gruppe stellt sich die Aufgabe, gemeinsam auszuphantasieren und evtl. zu spielen, was passieren würde, wenn Figuren aus verschiedenen Märchen irgendwo zusammenträfen.

Beispiel:

Die sieben Geißlein treffen die sieben Zwerge; Rotkäppchen trifft im Wald Hänsel und Gretel; das tapfere Schneiderlein begegnet der Prinzessin aus dem Froschkönig, der gerade ihre goldene Kugel in den Brunnen gefallen ist.

Für wen:
Gruppen mit 4-10 Tln.

Rahmen:
beliebig

Material:

–

4

Geschichten erfinden

Art: 4/27
Gestaltungs-,
Phantasiespiel

Beschreibung:

Die Spieler teilen sich in Untergruppen von 3-6 Teilnehmern auf. Jede dieser Gruppen zieht sich 6 Kärtchen (mit Bezeichnungen wie z.B. Hut, Bauch, Gewitter, Regenwurm, Mensch, Tomate usw.). Die Aufgabe besteht darin, gemeinsam eine kleine Geschichte zu erfinden, in denen diese 6 Gegenstände eine wichtige Rolle spielen. Anschließend werden die Geschichten in der Gesamtgruppe erzählt.

Für wen:
Gruppen mit 12-30 Tln.

Rahmen:
beliebig

Material:

vorbereitete Gegenstands-kärtchen

4

Situationsspiel

Art: 4/28
Darstellendes Spiel

Beschreibung:

Die Spieler teilen sich in kleine Untergruppen auf. Sie haben die Aufgabe, eine ihnen vom Spielleiter genannte Situation (z.B. die Tochter kommt erst um 2.00 Uhr nachts nach Hause; im Supermarkt versehentlich eine Tafel Schokolade in die Tasche statt in den Einkaufskorb gesteckt; Essen in einem teuren Restaurant) auszumalen und szenisch darzustellen. Die Situation wird dann vor den anderen Gruppenmitgliedern gespielt und evtl. gemeinsam besprochen.

Für wen:
Gruppen mit 10-30 Teilnehmern

Rahmen:
freier Raum nötig

Material:

vorüberlegte Situationen

4

Pantomime

Beschreibung:
Reihum flüstert der Spielleiter den Spielern eine Tätigkeit (Handlung) ins Ohr, die diese als Pantomime den anderen vorspielen müssen. Die Gruppe soll erraten, was für eine Tätigkeit gemeint ist.

Variationen:
- »Massenpantomime«: Alle Gruppenmitglieder spielen gemeinsam eine Szene pantomimisch (z.B. Einsteigen in einen überfüllten Omnibus; Volksfest; Gäste im Restaurant usw.).
- »Einsteigen«: Ein Spieler stellt pantomimisch etwas dar; jeder, der glaubt erkannt zu haben, worum es geht, »steigt ein«, d.h. sucht sich eine in die Handlung passende Rolle und spielt mit.

4

Stumm und taub

Beschreibung:
Die Spieler sitzen einander in zwei Reihen gegenüber. Der Spielleiter erklärt, daß die in der linken Reihe sitzenden Spieler das Gehör und die in der rechten Reihe sitzenden die Sprache verloren hätten. Die Tauben dürfen nun an die Stummen Fragen richten, die von diesen mit Hilfe von Handbewegungen, Pantomimen und Zeichensprache beantwortet werden müssen. Nach einer vereinbarten Zeit tauschen Taube und Stumme ihre Rollen.

Anmerkung:
Die Spieler sollten Gelegenheit haben, sich im Anschluß an das Spiel über ihre gemachten Erfahrungen als Taube und Stumme auszutauschen.

4

Tanz der Hände

Beschreibung:

Alle Spieler sitzen mit geschlossenen Augen verteilt im Raum und versuchen, sich ganz in die Musik hineinzufühlen und sie auf sich wirken zu lassen. Nach einer gewissen Zeit beginnen sie, ihre Empfindungen durch Bewegungen mit ihren Fingern und Händen auszudrücken, die Musik in einen »Tanz der Hände« umzusetzen.

Variationen:

Ein weiterer Schritt kann es sein, dieses Spiel in Berührung mit den Händen eines Partners oder einer kleinen Gruppe zu spielen. Zur Dimension des Selbstausdruckes kommt hier die Möglichkeit der Kommunikation mit anderen (Händen).

Für wen:
Gruppen mit 2-∞ Tln.

Rahmen:
Raum zum Bewegen nötig

Material:
passende Musik

4

Bildassoziationen

Beschreibung:

Die Gruppe sitzt oder kniet im Kreis. Vor ihr ausgebreitet liegen ein oder mehrere (dann möglichst verschiedenartige) Bilder. Jeder Teilnehmer kann nun frei assoziieren, etwa so: »Zu dem Bild fällt mir ein... bei diesem Bild empfinde ich...«

Variation:

Ein Teilnehmer wählt sich insgeheim eines der vor der Gruppe ausgebreiteten Bilder aus und beschreibt es. Dazu verwendet er ausschließlich Eigenschaftswörter oder Verben. Die Gruppe sucht aus den aufgelegten Bildern das zur Beschreibung passende aus.
Diese Assoziationsübung kann ein guter Einstieg in die Arbeit mit Bildern überhaupt sein.

Für wen:
Gruppen mit 6-15 Teilnehmern (größere Untergr.)

Rahmen:
Sitzkreis

Material:
verschiedenartige Bilder

4

Scharade

Art: 4/33
Darstellendes
Spiel

Beschreibung:

Bei Scharaden geht es darum, ein Wort oder einen Spruch in seine Bestandteile aufzulösen und die einzelnen Silben; Wörter, Wortteile oder Buchstaben pantomimisch oder in kleinen Gesprächsszenen darzustellen. Die Restgruppe soll das gemeinte Wort oder den Spruch erraten.
Es gibt verschiedene Formen:
– Silbenscharade
Ein Wort wird in einzelne, für sich sinnvolle Silben aufgeteilt (z.B. Parlament: Paar, lahm, Ent(e); Versicherung: Vers, ich, Ehrung; Privaterziehung: Brief, Vater, Ziehung). Aus den einzelnen Szenen müssen die gemeinten Teilwörter deutlich hervorgehen.
– Buchstabenscharade
Ein Wort wird Buchstabe für Buchstabe pantomimisch dargestellt, indem für jeden Buchstaben eine Tätigkeit mit dem entsprechenden Anfangsbuchstaben gewählt wird.
– Sprichwörterraten (Redensarten, Schlagertitel...)
Hier sind von den Spielgruppen die einzelnen Worte getrennt darzustellen.

Für wen:
Gruppen mit 8-
∞ Tln.

Rahmen:
Sitzkreis; Raum für Darstellung nötig

Material:

–

---

4 .

Lebende Bilder

Art: 4/34
Darstellendes
Spiel

Beschreibung:

Den Spielern wird ein Foto gezeigt (eine Landschaft, eine handelnde Person oder Menschengruppe). Geht es um eine Landschaft, so ist die Aufgabe, eine Szene darzustellen, die dort stattfinden könnte und einen Bezug zu dem entsprechenden Rahmen hat. Handelt es sich um Personen, so könnte es darum gehen, Begebenheiten vor und nach der entsprechenden Aufnahme aus bzw. weiterzuspielen.
Die Spieler machen Vorschläge, wählen aus, verteilen die Rollen und erproben verschiedene Darstellungsmöglichkeiten.
Wird in verschiedenen Untergruppen (mit denselben oder verschiedenen Fotos) gearbeitet, so können sich diese ihre jeweiligen Endfassungen gegenseitig vorspielen.

Materialhinweis:

Wolfgang Dietrich: Exemplarische Bilder 1 und 2, Gelnhausen/Freiburg (Burckhardthaus/Christophorus) o.J.

Für wen:
Gruppen mit 8-
30 Teilnehmern

Rahmen:
Raum zur Bewegung nötig

Material:
Fotos und/oder Postkarten

Japanisch Knobeln

Für wen:
Gruppen mit 8-
40 Teilnehmern

Beschreibung:

Die Spieler stehen sich, in zwei Parteien aufgeteilt, mit dem Rücken zueinander gegenüber.
Jede Partei verabredet untereinander, welche von den folgenden drei Möglichkeiten sie in der nächsten Runde darstellen will:
– den Löwen (mit lautem Gebrüll)
– den Samurai (mit der siegesgewissen Gebärde des Schwertziehens)
– das hinkende Mütterchen
Alle Mitglieder der Partei müssen das gleiche spielen. Auf ein Zeichen wenden sich die Parteien einander zu und spielen.
Ähnlich wie beim Knobeln gibt es dabei drei Möglichkeiten:
– Mütterchen besiegt Samurai
– Samurai besiegt Löwen
– Löwe besiegt Mütterchen.
Nach jedem Durchgang büßt die jeweilige Verlierergruppe die vorher verabredete Zahl von Spielern ein, darunter auf jeden Fall den, der das zuletzt gespielte Zeichen vorgeschlagen hat. Spielen beide Parteien das gleiche, dann gibt jede einen Spieler an die andere ab.

Rahmen:
freier Raum nötig

Material:

–

Fundgegenstände

Für wen:
Gruppen mit 8-
30 Teilnehmern

Beschreibung:

In der Mitte liegen einige nicht zusammengehörende Gegenstände, z.B. ein Regenschirm, ein Gardinenring, eine Pfeife, ein verblühter Primelstock, eine Haarnadel usw.. Diese Gegenstände sind heute morgen in der Hauseinfahrt gefunden worden. Wer kann sie wohl verloren haben?
Die Spieler machen dafür Vorschläge: Der Regenschirm gehört einem englischen Grafen, der Gardinenring einer Kellnerin, die Pfeife einem Privatdedektiv, der Primelstock der Hauswirtin von nebenan. Die Haarnadel...?
Die vorgeschlagenen Rollen werden verteilt. Die betreffenden Spieler haben einige Minuten Zeit, sich eine kleine Szene auszudenken, bei der die Gegenstände verloren wurden. Diese Szene spielen sie anschließend vor. Es kann zur Aufgabe gemacht werden, daß jeder Spieler zunächst für sich spielt, ein weiterer Schritt wäre dann, gemeinsam eine Handlungsfolge zu erfinden, in der die verschiedenen Personen mit ihren Gegenständen eine wichtige Rolle spielen und aufeinander bezogen sind.

Rahmen:
Sitzkreis; freier Raum zum Darstellen

Material:

Einige verschiedenartige Gegenstände

4

Moderne Malerei

Beschreibung:

Jeder Spieler bekommt ein Zeichenblatt (DIN A 5 bis DIN A 3) und faltet es in der Mitte. Aus Farbtuben oder Fingerfarbtöpfen erhält jeder einige verschiedenfarbige Batzen auf das Blatt. Mit diesem »Rohmaterial« können die einzelnen Spieler nun an die künstlerische Gestaltung gehen und durch Schieben, Drücken und Streichen versuchen, die Farben auf der Innenseite des Blattes (ohne selbst in die Farben zu fassen) zu verteilen.

Die so enstandenen klecksografischen Kunstwerke können in einer anschließenden gemeinsamen Sitzung mit verschiedenen Titeln versehen und die gewonnenen Erfahrungen ausgetauscht werden.

Für wen:
Gruppen mit 6-20 Teilnehmern

Rahmen:
viel Raum (evtl. Tische nötig)

Material:

ein Zeichenpapier pro Spieler; versch. Finger- oder Tubenfarben

---

4

Wort - Assoziationen

Beschreibung:

Ein Spieler beginnt und sagt irgendein Wort. Sein Nachbar sagt ein anderes, das ihm gerade dazu einfällt, der nächste nennt ebenfalls eine Assoziation zum vorhergehenden Wort, usf..

Die Reihenfolge ist nicht festgelegt, jeder, dem etwas zu dem eben genannten Stichwort einfällt, kann es beitragen. (Wichtig ist hier, daß wirklich aufeinander geachtet und gehört wird!)

Es kann auch stärker strukturiert werden, etwa durch den Satz: » A erinnert an B« (z.B. »Wasser« erinnert an »Urlaub« -- »Urlaub« erinnert an »Berge« -- »Berge« erinnern an »Schnee«, usw.).

Möglich wäre hier auch, daß die Gruppe nach einiger Zeit versucht, gemeinsam den bisherigen Assoziationsfaden zurückzuverfolgen und als Abschluß gewissermaßen »aufzuwickeln«.

Für wen:
Gruppen mit ca. 6-30 Teilnehmern

Rahmen:
Sitzkreis

Material:

−

Lebende Mühle

Art: 5/1
Konzentra-
tions-, Wett-
kampfspiel

Beschreibung:

Die neun Stühle werden wie folgt aufgestellt:

Jede Partei (A, B) hat drei lebende Mühlsteine zur Verfügung. Durch abwechselndes Setzen dieser »Steine« (a 1, b 1, a 2, b 2, a 3, b 3, a 1 ...) versuchen die Parteien, eine Mühle zu bilden. Eine Mühle ist fertig, wenn in der Waagerechten, der Senkrechten oder der Diagonalen drei Stühle von derselben Partei besetzt sind.

Für wen:
Gruppen mit 6-20 Tln.

Rahmen:
(siehe Beschr.)

Material:

9 Stühle

Hahnenkampf

Art: 5/2
Geschicklich-
keits-, Wett-
kampfspiel

Beschreibung:

Die Kämpfer (je zwei gegeneinander) stehen in der Mitte. Sie verschränken die Arme vor der Brust und versuchen nun, auf einem Fuß hüpfend, den Gegner durch Stöße mit Oberarm und Schulter aus dem Gleichgewicht zu bringen. Wer mit dem zweiten Fuß den Boden berührt, hat verloren.

Für wen:
je 2 Spieler, Rest Zuschauer

Rahmen:
freier Raum nötig

Material:

–

Flaschentanz

Beschreibung:

Die Flaschen liegen auf dem Boden. Die Spieler haben die Aufgabe, die Flaschen mit den Füßen, also ohne Zuhilfenahme der Hände, aufzustellen. Besonders schwierig ist es, Flaschen verschiedener Größe in einer Reihe aufzurichten.

Für wen:
Gruppen mit 3-20 Tln.

Rahmen:
Raum zum Bewegen nötig

Material:

einige Flaschen

Ball-Safari

Beschreibung:

Es werden zwei Parteien gebildet. Die ersten beiden Spieler jeder Partei bekommen ein Marmeladenglas mit einem Tischtennisball in die Hand. Dieser Ball wird »ausgeschüttet« und muß mit möglichst wenig Aufhupfern wieder mit dem Glas aufgefangen werden. Das hört sich einfacher an als es ist und bedarf bei den meisten Spielern sicher einiger Übungsversuche. Ist der erste Spieler fertig, kommt der nächste dran, usw. Die Partei, die mit ihrem Durchgang am schnellsten fertig ist, hat gewonnen.

Für wen:
Gruppen mit 10-20 Tln.

Rahmen:
Sitzkreis

Material:

2 Tischtennisbälle, Marmeladengläser

Buchstabenreihenfolge

Art: 5/5

Konzentrations-, Denkspiel

Für wen:
Gruppen mit 5-30 Tln.

Rahmen:
beliebig

Material:

1 ABC, Stift und Papier für jeden Spieler

Beschreibung:
Der Spielleiter zieht aus einem ABC (Buchstabenkarten) drei Buchstaben, z.B. K, A, O. Jeder Spieler hat nun die Aufgabe, vier Wörter (oder in drei Minuten möglichst viele Wörter) zu finden, in denen die Buchstaben entweder überhaupt oder in der genannten Reihenfolge vorliegen (hier z.B. Kakao, Kanone, Kachelofen, Klangkörper). Gewonnen hat die jeweilige Runde, wer die vier Wörter am schnellsten gefunden oder in drei Minuten die meisten Wörter entdeckt hat.

Streichholzturm

Art: 5/6

Geschicklichkeitsspiel

Für wen:
Gruppen mit 4-12 Tln.

Rahmen:
Tischkreis

Material:

1 Flasche;
einige Schachteln Zündhölzer

Beschreibung:
Alle Spieler sitzen um den Tisch herum. In der Mitte steht eine leere Flasche und liegen eine Menge Zündhölzer. Auf der Flaschenöffnung wird nun ein Streichholzturm errichtet (zwei Streichhölzer längs, zwei Streichhölzer quer, usf.). Jeder Spieler fügt bei jeder Runde ein Streichholz zum Turm dazu. Der Spieler, bei dem Hölzer herunterfallen, muß diese nehmen und aufheben. Sieger ist, wer die wenigsten Hölzchen gesammelt hat.

5

ABC-Spiel

Art: 5/7
Wettkampf-,
Konzentrations-
spiel

Beschreibung:

Es werden zwei Gruppen gebildet, die je ein ABC erhalten. Der Spielleiter stellt Fragen nach einem Begriff mit x (wird angegeben) Buchstaben. Wichtig ist dabei, daß er sich nur Worte ausdenkt, in denen kein Buchstabe zweimal vorkommt. Die Gruppe, die den Begriff am schnellsten gefunden und auch so zusammengesetzt hat, daß der Spielleiter ihn lesen kann, bekommt einen Punkt. Bei vielen Mitspielern in einer Gruppe kann erschwerend hinzugefügt werden, daß jeder Spieler beim Zusammensetzen nur einen Buchstaben halten darf, die Spieler sich also in der richtigen Reihenfolge der Buchstaben aufstellen müssen.

Für wen:
Gruppen mit 8-
30 Tln.

Rahmen:
Sitzkreis mit
freiem Raum

Material:

2 ABC als Buchstabenkarten

5

Umzug

Art: 5/8
Geschicklich-
keits-, Wett-
kampfspiel

Beschreibung:

Die Spieler bilden zwei Parteien. Die erste Partei baut aus allen vorhandenen Möbeln und Gegenständen ein Phantasiegebäude, möglichst instabil. Die zweite Partei muß diese Gebäude wieder abbauen. Die Besonderheit der Aufgabe ist es, daß jedes Geräusch, jedes Kippen, Rutschen oder gar Herunterfallen einzelner Gegenstände beim Bau sowie beim Abbau als Minuspunkt für die gerade arbeitende Gruppe gewertet wird. Nach der ersten Runde wechseln die Parteien ihre Auf- bzw. Abbaurolle.

Für wen:
Gruppen mit 6-
20 Tln.

Rahmen:
freier Raum nötig

Material:

Möbel und Einrichtungsgegenstände

Rotor

Beschreibung:

In einer möglichst großen, runden Dose (Kaffee, Milchpulver), deren Öffnung nach unten zeigt, muß ein Tischtennisball durch Kreisen der Dose so in Bewegung gesetzt werden, daß er nicht unten herausfällt und über eine vorher vereinbarte Stafettenstrecke gebracht werden kann. Fällt der Ball heraus, so muß er mit der Büchse durch Schwingen am Boden wieder aufgenommen werden.
Nach einiger Zeit der Übung können hier zwei Gruppen auf Tempo gegeneinander spielen.

Für wen:
Gruppen mit 6-20 Tln.

Rahmen:
Sitzkreis

Material:

2 Dosen; 2 Tischtennis-bälle

Tischtennisball-Blasen

Beschreibung:

Es werden zwei Gruppen gebildet. Um die Wette muß ein Tischtennisball aus dem Glas geblasen werden. Ist der erste in einer Partei fertig, kommt der nächste dran. Die Partei, die am schnellsten »durch« ist, hat gewonnen.

Für wen:
Gruppen mit 10-20 Tln.

Rahmen:
Sitzkreis

Material:

1 Tischtennis-ball, 1 Marmeladenglas

Wedelduell

Beschreibung:

Es werden zwei Parteien gebildet. Die Spieler haben die Aufgabe (nacheinander) einen Tischtennisball auf dem Boden über eine vorher markierte Stafettenstrecke hin und wieder zurückzubringen. Der Ball darf dabei nur durch den Wind bewegt werden, der durch das Wedeln mit dem Tischtennisschläger hinter dem Ball verursacht wird. Sieger ist die Partei, die ihre Wedeldurchgänge am schnellsten beendet hat.

Für wen:
Gruppen mit 8-20 Tln.

Rahmen:
freier Raum nötig

Material:

2 Tischtennis-Schläger, 2 TT-Bälle

Zimmerhandball

Beschreibung:

Die Spieler sitzen sich auf Stühlen in zwei Reihen (ca. 2 m Abstand) gegenüber. Jede Partei bekommt einen aufgeblasenen Luftballon und muß versuchen, ihn über die erhobenen Arme der Mitspieler hinweg hinter diesen auf den Boden zu befördern. Beide Gruppen müssen gleichzeitig abwehren und angreifen. Dabei ist es verboten, sich vom Stuhl zu erheben. Ein Schiedsrichter achtet auf die Einhaltung der Spielregeln und bringt die heruntergefallenen Luftballone wieder ins Spiel.

Für wen:
Gruppen mit 6-20 Tln.

Rahmen:
zwei Stuhlreihen mit freiem Raum dazwischen

Material:

einige Luftballons

5

Watteblasen

Art: 5/13
Geschicklich-
keits-, Wett-
kampfspiel

Für wen:
Gruppen mit 4-
∞ Tln. (Unter-
gruppen)

Beschreibung:

Die Spieler einer (Unter-)Gruppe sitzen um einen Tisch herum. Der Spielleiter wirft in die Mitte einen kleinen Watteball. Durch Blasen wird nun von allen Spielern versucht, dieses Wattebällchen soweit wie möglich von sich entfernt zu halten. Der Spieler, bei dem der Ball vom Tisch fällt, vor oder links neben ihm, bekommt einen Minuspunkt. Es ist darauf zu achten, daß keiner der Spieler den Tisch berührt!

Rahmen:
1 Tisch pro Un-
tergruppe

Material:

Wattebällchen

5

Minigolf im Zimmer

Art: 5/14
Geschicklich-
keitsspiel

Für wen:
Gruppen mit 3-
15 Tln.

Beschreibung:

Das Spiel wird wie normales Minigolf gespielt. Die Tischtennisbälle dienen dabei als Ball, die Kochlöffel als Schläger. »Hindernisse« werden gemeinsam erfunden, gebaut und ausprobiert. Benötigt werden dazu etwa Bücher, Eierkartons, Dosen, Pappstücke als Anrollfläche u.ä..

Anmerkung:

Es empfiehlt sich, einige einfache Hindernisse vorzubereiten und damit anzufangen. Eine Gruppe wird sicher viel Spaß daran haben, diese Hindernisse zu variieren und schwieriger zu gestalten.

Rahmen:
freier Raum nö-
tig

Material:

große Kochlöf-
fel; Tischtennis-
bälle; »Hinder-
nisse«

5

Miniatur-Korbball

Art: 5/15
Geschicklich-
keits-, Wett-
kampfspiel

Für wen:
Gruppen mit 6-
20 Tln.

Beschreibung:

Es werden zwei Staffeln gebildet. Aufgabe für jeden Spieler ist es, einen Tischtennisball von einem Eierbecher in einen zweiten zu blasen, der an den ersten gehalten wird. Dieser Vorgang wiederholt sich bei jedem Spieler der Staffel. Beim Herunterfallen des Balles kann ein Minuspunkt gegeben werden. Eine andere Vereinbarung kann sein, daß noch einmal beim ersten Spieler begonnen werden muß.

Rahmen:

Sitzkreis

Material:

2 Tischtennis-
bälle; 4 Eierbe-
cher

5

Eierfußeln

Art: 5/16
Geschicklich-
keits-, Wett-
kampfspiel

Für wen:
Gruppen mit 8-
30 Tln.

Beschreibung:

Zwei Gruppen sitzen sich in Stuhlreihen gegenüber. Der erste jeder Partei bekommt auf seine ausgestreckten und zusammengehaltenen Füße ein Holzei. Der nächste hält seine Füße darunter. Durch Öffnen der Beine des ersten Spielers fällt das Ei auf die des zweiten, usf.. Fällt das Ei zu Boden, so muß von vorne begonnen werden. Die schnellste Partei hat gewonnen.

Rahmen:

2 Stuhlreihen
(einander ge-
genüber)

Material:

2 Holzeier

5

Art: 5/17
Wettkampf-,
Geschicklich-
keitsspiel

Luftballon-Falle

Beschreibung:

Die beiden Papierkörbe stehen an einander entgegengesetzten Enden des Raumes. Es spielen immer zwei Spieler gegeneinander. Jeder hat einen Kochlöffel in der Hand sowie einen aufgeblasenen Luftballon. Jeder Spieler startet an »seinem« Papierkorb (Tor) und versucht, den Luftballon mit Hilfe des Kochlöffels in das Tor des anderen Spielers zu befördern. Dabei darf er den jeweils anderen Spieler mit dem Kochlöffel (nur mit diesem!) am Erzielen eines Luftballontores hindern.

Variation:

Dieses Spiel kann auch als Wettkampf zwischen zwei Parteien (evtl. sogar mit mehreren gleichzeitig aktiven Spielern) durchgeführt werden.

Für wen:
Gruppen mit 4-20 Tln.

Rahmen:
freier Raum nötig

Material:

2 Kochlöffel; 2 Papierkörbe; Luftballons

5

Art: 5/18
Wettkampf-,
Bewegungs-
spiel

Die Jagd

Beschreibung:

Die Spieler sitzen oder stehen im Kreis. Es wird zu zweien abgezählt, alle Spieler mit der Nr. 1 gehören zu einer Partei, die anderen zur Gegenpartei. Die Spieler bleiben im gleichen Kreis sitzen, so daß ein Spieler der Partei 1 rechts und links zwei Nachbarn der Partei 2 hat usf.. Der Spielleiter gibt einem Spieler der Partei 1 einen z.B. roten Ring, während ein im Kreis gegenüber sitzender Spieler der Partei 2 einen blauen bekommt. Die Gegenstände werden nun im Kreis herumgegeben. Der rote Ring nur von den Spielern der Partei 1, der blaue in gleicher Richtung nur von den Spielern der Partei 2. Es kommt darauf an, die Ringe so schnell wie möglich weiterzugeben. Holt eine Partei die andere mit ihrem Ring ein, gewinnt sie damit die Runde. Die Ringe werden danach wie zu Beginn im Kreis verteilt: Für die nächste Runde.

Für wen:
Gruppen mit 10-40 Tln.

Rahmen:
Sitzkreis

Material:

zwei gleichartige Gegenstände

5

Sitzfußball im Kreis

Art: 5/19
Wettkampf-, Bewegungs-spiel

Für wen:
Gruppen mit 6-15 Tln.

Beschreibung:

Die Spieler sitzen auf Stühlen im Kreis. Jedes Stuhlbein schließt unmittelbar an das des Nebenspielers an. Jeder Spieler hat unter sich bzw. zwischen den vorderen Stuhlbeinen sein Tor.
Aufgabe ist es, den Ball mit dem Fuß in das Tor eines der anderen Mitspieler zu befördern und selbst möglichst wenig Tore zu kassieren. Spielbedingungen: Jeder muß mit seinem Rücken an die Stuhllehne angelehnt bleiben. Es darf nicht über Kniehöhe geschossen werden. Verstöße gegen diese Regel werden mit Minuspunkten bestraft. Bei drei Minuspunkten muß der entsprechende Spieler zwei Minuten ausscheiden. Gezählt werden nur die kassierten Tore, da Torschützen bei diesem Spiel in der Regel schwer eindeutig bestimmbar sind. Bei sehr lebhaftem Spiel empfiehlt sich ein neutraler Schiedsrichter.

Anmerkung:

Das Spiel sollte möglichst nicht mit Schuhen gespielt werden, da sonst die Fußgelenke zu leiden haben.

Rahmen:
Stuhlkreis

Material:

ein kleiner Ball

5

Seifenblasen

Art: 5/20
Wettkampfspiel

Für wen:
Gruppen mit 4-12 Tln.

Beschreibung:

Ein Strohhalmende wird vierfach eingeschnitten, die Teile werden nach außen gebogen und dann in die Seifenlauge getaucht.
In der Mitte des Raumes spannt man zwischen zwei Stühlen eine Schnur. Auf jeder Seite dieser Schnur nimmt eine gleichstarke Gruppe Aufstellung (Abstand vom Netz: 1 m). Jede Seifenblase, die über die Schnur in das Feld der Gegner geblasen wird, zählt einen Punkt.

Variation:

Es sind in jeder Gruppe auch Spieler ohne Halm, die die »feindlichen Blasen« wieder zurückpusten. Es zählen dann nur die Blasen als Punkte, die in der Hälfte des Gegners zerplatzen bzw. auf den Boden fallen oder unter der Schnur durchgeblasen werden.

Rahmen:
freier Raum nötig

Material:

Geschirrspülmittel; Wasser; Becher; Strohhalme

Geschicklich-
keits-, Sport-
spiel

Mini-Boccia

Beschreibung:

Das Spiel kann auf dem Fußboden oder auch auf einem großen Tisch (mit Decke) gespielt werden.

Die Spieler bilden zwei Parteien. Es werden eine besonders gekennzeichnete Malkugel und eine gleichgroße Anzahl von ebenfalls gezeichneten Kugeln für jede Partei benötigt. Jeder Spieler einer Partei kann dabei eine oder mehrere Kugeln (bei weniger Mitspielern) erhalten.

Das Spiel beginnt, indem ein Spieler die Malkugel in den Spielraum rollt und dann versucht, seine eigene Kugel möglichst nah an diese Malkugel zu plazieren (von einem gekennzeichneten Startstrich am Boden oder der vereinbarten Tischseite aus). Danach versucht ein Spieler der anderen Partei das gleiche usf.. Es kann auch versucht werden, gegnerische Kugeln wegzuschießen. Wenn alle Kugeln gespielt sind, werden die Kugeln gezählt, die der Malkugel am nächsten liegen und von einer Partei stammen. (Ist die Reihenfolge also z.B. gelb, gelb, blau, gelb, dann bekommt die gelbe Partei zwei Punkte).

b.w.

Für wen:
Gruppen mit 4-
12 Tln.

Rahmen:
freier Raum nötig

Material:

Glas-, Stein-Schusser oder Stahlkugeln

Konzentra-
tions-, Wett-
kampfspiel

Weltraumspiel (4 x 3)

Beschreibung:

Es werden zwei Astronautengruppen (A und B) gebildet. Aufgabe der Parteien ist es, einen der am Boden ausgelegten Planeten (je 3 Bierfilze) zu besetzen bzw. die andere Partei daran zu hindern.

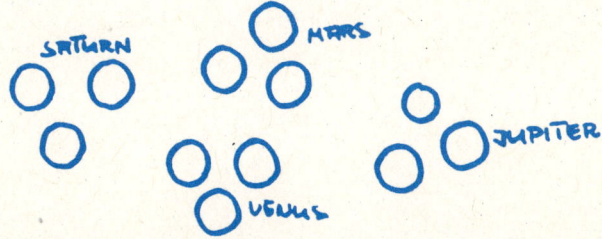

Ein Planet gilt als besetzt, wenn alle drei Landebasen (Bierfilze) von den Raumschiffen (Zahlenkarten 1-4) einer Partei besetzt sind. Jeder besetzte Planet zählt einen Punkt.

b.w.

Für wen:
Gruppen mit 8-
20 Tln.

Rahmen:
Sitzkreis

Material:

12 Bierfilze, Zahlenkarten

Die leerausgegangene Partei darf dann als nächste die Malkugel werfen.

Variation:

Regeln wie oben; anstatt Kugeln werden aber Holzeier verwendet (Techniken: im Bogen rollen, Trudeln, Kreiseln)

Das Spiel beginnt, indem die Gruppe A ihre Karte mit der Nr. 1 auf eine Landebasis legt, dann folgt die Gruppe B mit ihrer Karte 1, darauf wiederum die Gruppe A mit ihrer Nummer 2 usw. Ist die Karte 4 der Gruppe B gelegt, beginnt wiederum die Gruppe A mit ihrer Karte 1, die nun von der bisher besetzten Planetenbasis weggenommen und auf eine andere (desselben oder eines anderen Planeten) gelegt werden muß.

Gewonnen hat die Gruppe, die drei Punkte für sich sichern konnte.

Art: 5/23

Geschicklich-
keits-, Wett-
kampfspiel

Pyramidenbau

Für wen:
Gruppen mit 4-
30 Tln.

Beschreibung:

Der Pyramidenbau kann auf den Sitzflächen von 3 Stühlen, auf dem Tisch oder auch auf dem Boden stattfinden. Wichtig ist, daß 3 Flächen deutlich voneinander zu unterscheiden sind.

Die 5 Quadrate (sonstige Gegenstände) liegen in Pyramidenform, also der größte unten und der kleinste oben, auf einem der äußeren Stühle. Aufgabe der Spieler (oder vorher eingeteilter Staffelgruppen) ist es, diese Pyramide abzubauen und auf dem anderen Außenstuhl in der gleichen Form wiederaufzubauen.

Wichtig ist dabei die Spielregel: Es darf nur jeweils *ein* Gegenstand auf einmal bewegt und nur ein kleinerer auf einen größeren gelegt werden – nie umgekehrt! Diese Aufgabe ist nicht ganz einfach, aber nach einigem Hin und Her gelingt es. Bevor das Pyramidenspiel als Staffelspiel eingesetzt wird, sollten die einzelnen Spieler Zeit zum Üben gehabt haben.

Rahmen:
beliebig

Material:

1 Satz von 5 ab-
gestuft großen
Quadraten (Ge-
genständen)

Art: 5/24

Konzentra-
tions-, Singspiel

Mein Hut, der hat drei Ecken ...

Für wen:
Gruppen mit 5-
∞ Tln.

Beschreibung:

»Mein Hut, der hat drei Ecken, drei Ecken hat mein Hut. Und hätt' er nicht drei Ecken, dann wär er nicht mein Hut.«

Dieses Lied wird zuerst zur Übung zwei- bis dreimal durchgesungen. Beim nächsten Mal fällt das Wort »Hut« weg und wird durch eine Handbewegung an den Kopf ersetzt. Die folgende Wiederholung geht ohne das Wort »Ecken« vor sich. Stattdessen greifen die Spieler mit der linken Hand an das rechte Ellbogengelenk. Schließlich wird »mein« dadurch ersetzt, daß man sich besitzanzeigend an die Brust tippt. »Drei« läßt sich durch drei hochgereckte Finger einer Hand er-setzen und »nicht« wird durch kurzes Kopfschütteln ausgedrückt. Fällt der Gruppe zu »hat« und »er« auch noch etwas ein, so besteht zuletzt das ganze Lied nur mehr aus Bewegungen.

Rahmen:
Sitzkreis

Material:

–

Böse Sieben

Beschreibung:

Beginnend mit eins wird reihum durchgezählt. Dabei müssen allerdings alle Zahlen, die eine 7 enthalten oder durch 7 teilbar sind, durch
»bumm« ersetzt werden. Zunächst einmal wird geübt, wer aber in
der »Ernstrunde« steckenbleibt, scheidet aus.

Variation:

»Entenbaden«: Der erste beginnt: »Eine Ente ...«, der nächste setzt
fort: »mit zwei Füßen ...«, der dritte: »geht baden ..«, der vierte: »platsch«. Dann geht es von vorne los: »2 Enten« – »4 Füße« – »gehen
baden« – ... nun macht es natürlich »platsch – platsch«, wobei je ein
Spieler nur ein »platsch« sagt. Bei einem Fehler fängt es wieder mit
einer Ente an.

Für wen:
Gruppen mit 6-
20 Tln.

Rahmen:
Sitzkreis

Material:

–

Farbzettelhüpfen

Beschreibung:

Zwei freiwillige Mitspieler stellen sich mit dem Rücken zueinander in
die Mitte. Jeder erhält ein Kärtchen (verschiedene Farben und/oder
Formen: Dreieck, Quadrat, Kreis) festgesteckt. Die Spieler werden
dann gleichzeitig umgedreht, ohne daß sie das Kärtchen auf dem Rük-
ken des anderen sehen können.
Ihre Aufgabe besteht darin, die Farbe bzw. Form des Zettels heraus-
zubringen, den der Gegner auf dem Rücken trägt und zu verhindern,
daß dieser den Zettel auf dem eigenen Rücken erkennen kann.
Wichtige Spielregel ist dabei, daß sich die Spieler nicht anfassen bzw.
festhalten dürfen.

Anmerkung:

Je nach Temperament der Spieler wird es ein mehr oder weniger le-
bendig-bewegter Wettkampf, der sicher auch den Zuschauern Ver-
gnügen bereitet und Lust zum Mitmachen eröffnet.

Für wen:
jeweils 2 Spie-
ler, Rest Zu-
schauer

Rahmen:
freier Raum zum
Bewegen nötig

Material:

versch.-farbige
und versch. ge-
formte Kärt-
chen; Stecknа-
deln

Telefonieren

Art: 5/27
Konzentra-
tions-, Kommu-
nikationsspiel

Für wen:
Gruppen mit 10-
20 Tln.

Beschreibung:

Die Spieler sitzen im Kreis und halten sich an den Händen. Einer steht in der Mitte. Einer der sitzenden Mitspieler beginnt nun: »Ich schicke ein Telegramm an...« (jemanden im Kreis). Er drückt nun möglichst unauffällig die Hand einer seiner Nebenspieler und diese setzen die Druckwelle fort, bis sie bei dem entsprechenden Spieler ankommt. Dann ruft dieser »Telegramm angekommen« und beginnt von vorn. Der Mittelspieler muß versuchen, die Druckwelle irgendwo zu »ent-decken« (hindeuten). Hat er sie richtig entdeckt, so muß statt ihm der Spieler in den Kreis, der den Druck gerade weitergegeben hatte.

Rahmen:
Stuhlkreis

Variation:

Zusätzlich zu den Händen können auch die jeweils aufeinander ge-stellten Fußspitzen der Spieler als »Telegrafenleitung« dienen. Jeder Spieler hat dann das Recht, von Oberleitung auf Unterleitung umzu-schalten. Für den Mittelspieler wird die Aufgabe dadurch schwieriger.

Material:

–

Schnureierbahn

Art: 5/28
Geschicklich-
keits-, Wett-
kampfspiel

Für wen:
Gruppen mit 6-
20 Tln.

Beschreibung:

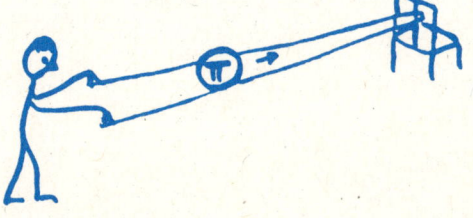

Rahmen:
freier Raum nö-
tig

Wie auf der Zeichnung abgebildet, soll ein Tischtennisball über eine Schnur- (Woll-)Bahn von jedem Spieler zum Stuhl hin und wieder zu-rück gerollt werden. Fällt der Ball herunter, muß von vorne begonnen werden.
Zwei Parteien spielen dabei gegeneinander. Die Partei, die am schnellsten fertig ist, hat gewonnen.

b.w.

Material:

zwei Tischten-
nisbälle; 1
Knäuel Wolle
oder Schnur

Anmerkung:
Das Spiel erfordert einige Geschicklichkeit und Übung. Für die ersten Runden kann vereinbart werden, daß es genügt, den Tischtennisball auf der Schnurbahn zunächst einmal nur bis zum Stuhl zu befördern.

5

Ausverkaufsspiel

Beschreibung:

In jeder Ecke des Raumes hängt ein vorbereiteter Zettel mit je 6-10 deutlich lesbar aufgeschriebener Ausverkaufswaren (z.B. Lampe, Schirm, Fernseher, Schürze, Fußball, usw.). Die Spieler gehen im Raum herum und versuchen, sich die Ausverkaufsgegenstände und die dazugehörigen Ecken einzuprägen. Der Spielleiter ruft eine dieser Waren zum Verkauf aus. Alle Spieler müssen sich nun möglichst schnell vor dem Zettel und in der Ecke aufstellen, wo diese Ware zu finden ist. Der jeweils letzte in der Reihe scheidet aus.

Für wen:
Gruppen mit 10-50 Tln.

Rahmen:
viel freier Raum nötig

Material:

vorbereitete
Zettel
(s. Beschr.)

5

Die böse Drei

Art: 5/30
Würfelspiel

Beschreibung:

Es wird reihum mit einem Würfel gespielt. Jeder darf beliebig oft werfen und die Augenzahl addieren. Kommt ihm jedoch eine Drei in die Quere, war die ganze Mühe vergebens. Alle vorausgehenden Würfe werden nicht gewertet und er muß den Würfel an den nächsten Spieler abgeben. Rundensieger ist der Spieler mit der höchsten Augenzahl.

Für wen:
Gruppen mit 4-12 Tln.

Rahmen:
Tischkreis

Material:

1 Würfel

Das Kopfweh der Königin/des Königs

Art: 5/31
Konzentrations-
spiel

Beschreibung:

Ein Spieler spielt die »Königin«/den »König«. Ihr/ihm werden die Augen verbunden, rechts und links neben ihr/ihm je drei Plätze freigelassen.

Da nun diese Königin/dieser König starkes Kopfweh hat, darf kein Laut an ihr/sein Ohr dringen. Die übrigen Spieler müssen versuchen, die freigelassenen 6 Plätze an ihrer/seiner Seite zu besetzen. Hört die Königin/der König einen Laut, sagt sie/er: »Au«. Der Spieler, der das Geräusch verursacht hat, muß in der eben eingenommenen Stellung auf dem entsprechenden Platz stehen bleiben.

Das Spiel ist beendet, wenn alle Plätze besetzt oder alle Spieler an ihrem Platz »gefesselt« sind.

Für wen:
Gruppen mit 6-30 Tln.

Rahmen:
Sitzkreis

Material:

Augenbinde

Wortkamm

Art: 5/32
Konzentra-
tions-,   Wett-
kampfspiel

Beschreibung:

Es werden zwei oder mehr Parteien (mit max. 6 Teilnehmern) gebildet. Jede bekommt einen Zettel und einen Stift. Der Spielleiter gibt ein Wort vor (z.B. Mond). Entsprechend der nachfolgenden Zeichnung muß daraus ein WORTKAMM gebildet werden:

```
        R
      A T E A
      MOND
      O R T E
        R E
```

Eine erschwerende Spielregel kann es sein, daß die entstehenden Worte dieselbe Buchstabenzahl wie das Ausgangswort haben müssen.

b.w.

Für wen:
Gruppen mit 4-30 Tln.

Rahmen:
Sitzgruppen

Material:

Papier und
Stifte

Variation:
Jede Partei bekommt ein ABC als Buchstabenkarten. Das vorgegebene Wort wird ausgelegt und die Buchstaben (wie oben) nach oben
und unten zu ganzen Worten ergänzt. Gewonnen hat hier die Partei
(und bekommt einen Punkt), die in einer vereinbarten Zeiteinheit die
meisten vollständigen Worte mit Hilfe der verbleibenden ABC-Karten
ergänzen konnte.

6

Reise nach Jerusalem

Für wen:
Gruppen mit 10-
20 Tln.

Beschreibung:
Die Stühle werden in zwei Reihen (mit den Lehnen gegeneinander)
in der Mitte des Raumes aufgestellt, einer weniger als Spieler.
Singend oder nach der laufenden Musik bewegen sich die Spieler
um diese Stühle herum. Auf ein Signal des Spielleiters (oder Abbruch
der Musik) sucht sich jeder einen Platz. Wer keinen erwischt, scheidet
aus und nimmt einen Stuhl mit.

Rahmen:
Stuhlkreis

Material:

Musik (auf Platte
oder Tonband)

6

Art: 6/2
Bewegungs-
spiel

Ballonjagd

Für wen:
Gruppen mit 10-
∞ Tln.

Beschreibung:
Allen Teilnehmern wird an jedes Bein in Knöchelhöhe ein aufgeblase-
ner Luftballon gebunden. Die Spieler bilden einen Kreis und fassen
sich an den Händen. Auf ein Startzeichen hin versuchen sie, sich gegenseitig ihre Ballone zu zertreten. Wer seine Ballone verloren hat,
scheidet aus.

Rahmen:
viel freier Raum
nötig

Material:

Je zwei Luftbal-
lons pro Spieler;
Bindfäden

Die labile Flasche

Beschreibung:

Die Spieler bilden einen Kreis (Hände fassen), in dessen Mitte eine leere Flasche gestellt wird. Durch Ziehen und Stoßen versucht nun jeder, die anderen Spieler zu veranlassen, die Flasche umzuwerfen. Jede umgeworfene Flasche bedeutet einen Minuspunkt.

Für wen:
Gruppen mit 4-20 Tln.

Rahmen:
freier Raum zum Bewegen nötig

Material:

1 Flasche

Teller-Drehen

Beschreibung:

Bei diesem Spiel dreht sich alles um einen (drehenden) Holzteller. Einer der im weiten Kreis sitzenden oder auf dem Boden hockenden Mitspieler setzt ihn – auf die Kante gestellt – in Bewegung, ruft den Namen eines anderen Spielers und läuft auf seinen Platz zurück. Der Aufgerufene muß rasch zu dem Teller laufen und ihn auffangen, bevor er sich auf dem Boden zur Ruhe gelegt hat. Dann setzt er ihn in Bewegung und ruft einen neuen Namen.
Weitere Spielregeln sollte sich die Gruppe nach ersten Erfahrungen selbst geben.

Für wen:
Gruppen mit 8-20 Tln.

Rahmen:
Sitzkreis

Material:

1 Holzteller

6

Art: 6/5
Bewegungs-
spiel

Obstkorb

Für wen:
Gruppen mit 20-
∞ Tln.

Beschreibung:
Die Spieler sitzen im Kreis und werden gruppenweise in »Obstsorten«
eingeteilt (Bananen, Orangen, Äpfel, Kirschen etc.). Ein Spieler stellt
sich in die Mitte und erzählt eine Geschichte, in der diese Obstsorten
vorkommen. Je zwei Obstsorten, die hintereinander in der Geschichte
vorkommen, müssen ihre Plätze wechseln. Beim Stichwort »Obst-
korb« wechseln alle die Plätze. Bei der Wechselei darf sich auch der
Geschichtenerzähler einen neuen Platz suchen, und der Spieler, der
dann keinen findet, erzählt die Geschichte weiter.

Rahmen:
Sitzkreis

Anmerkung:
Dieses Spiel eignet sich auch gut als Einstiegs- und Eisbrecherspiel
für große Gruppen.

Material:

-

6

Art: 6/6
Tanzbewe-
gungsspiel

Zeitungstanz I

Für wen:
Gruppen mit 10-
30 Tln.

Beschreibung:
Auf den Fußboden werden ebenso viele Bogen Zeitungspapier gelegt
wie Teilnehmer vorhanden sind. Die Blätter werden in Abständen im
Kreis angeordnet. Nach den Klängen der Musik (eigenem Singen) be-
wegen sich die Spieler im Kreis herum, indem sie mit ihrem vollen
Gewicht auf jeden einzelnen Zeitungsbogen steigen. Sie brauchen
dabei nicht jedesmal mit beiden Füßen darauf zu stehen.
Bei Abbruch der Musik müssen diejenigen ausscheiden, die in diesem
Moment nur mit einem Bein auf einem Bogen Papier stehen.

Rahmen:
Platz zum Be-
wegen nötig

Anmerkung:
Dieses Spiel eignet sich auch gut als Einlage bei Tanzabenden.

Material:

einige Zeitun-
gen

Gleichstrom – Wechselstrom

Für wen:
Gruppen mit 10-
∞Tln.

Beschreibung:

Die Spieler stellen sich paarweise im Kreis auf und gehen nach dem Takt der Musik (oder eigenem Singen/Klatschen) auf der Kreislinie: Es ist »Gleichstrom«. Auf ein Zeichen des Spielleiters (Aussetzen der Musik bzw. den Ruf »Wechselstrom«) drehen sich die kreisinneren Partner um und gehen, nachdem die Musik wieder eingesetzt hat, in der entgegengesetzten Richtung weiter. Es entstehen so zwei Gegen-kreise, der eine links, der andere rechts herum.
Ruft der Spielleiter wieder »Gleichstrom«, so müssen sich die ur-sprünglichen Paare schnell wieder finden und sich zusammen hinset-zen. Das Paar, das als letztes noch steht, scheidet aus (oder bekommt einen schwarzen Strich auf die Stirn).

Rahmen:
freier Raum nö-tig

Material:

Musik

Tanzende Buchstaben

Für wen:
Gruppen mit 10-
∞ Tln.

Beschreibung:

Jeder tanzende Spieler bekommt einen Buchstaben auf den Rücken. Aufgabe ist es, das sich aus den Buchstaben zusammensetzende Gesamtwort zu finden. Diese Aufgabe kann gestellt werden
– den Spielern, die selbst einen Buchstaben auf dem Rücken haben
– allen Tanzenden (bzw. sich Bewegenden)
– als Wettkampf zwischen Zuschauern und Tänzern

Rahmen:
freier Raum zum Tanzen nötig

Material:

vorbereitete Buchstaben-karten; Tesafilm oder Steckna-deln

Schau, ein Stuhl ist frei

Beschreibung:

Die Spieler sitzen im Kreis. Ein Stuhl ist noch frei. Ein Spieler steht in der Mitte und versucht, sich auf diesen Stuhl zu setzen. Die anderen Spieler rücken aber ständig in einer Richtung auf den freien Stuhl weiter, so daß die Lücke immer schon geschlossen ist, wenn der Mittelspieler sich setzen will. Gelingt es ihm allerdings doch, so muß der Spieler in die Mitte, der die Lücke nicht rechtzeitig geschlossen hat.

Anmerkung:

Die Stühle, mit denen gespielt wird, sollten möglichst keine Lehnen haben und müssen eng zusammenstehen (während des Spiels immer wieder zusammengerückt werden).

Für wen:
Gruppen mit 8-
25 Tln.

Rahmen:
Sitzkreis

Material:

–

Zeitungstanz II

Beschreibung:

Jedes Paar wird mit einer Zeitungsdoppelseite ausgerüstet, legt sie auf den Boden und tanzt bei Einsetzen der Musik nur noch auf ihrer Zeitung. Sobald die Musik abbricht, wird das Blatt einmal zusammengelegt und auf dieser »verkleinerten Tanzfläche« weitergetanzt. Bei jedem Musikabbruch wird so die Tanzfläche um die Hälfte verkleinert. Wer über diese »gemeinsame Basis« hinaustritt, scheidet aus.

Für wen:
Gruppen mit 10-
∞ Tln.

Rahmen:
viel Raum zum
Tanzen nötig

Material:

einige Zeitun-
gen

6

Tanzende Schlange

Beschreibung:

Die Spieler bleiben auf ihren Plätzen sitzen. Der erste beginnt mit der Aufforderung eines anderen, macht kehrt und der andere hängt sich mit beiden Händen an den Schultern des Aufforderers an. Der nächste wird aufgefordert usw., wobei jedesmal kehrt gemacht wird, so daß jeder mit dem Auffordern an die Reihe kommt. Wenn alle Teilnehmer im Spiel sind, beginnt die eigentliche Polonaise. Ist der Teilnehmerkreis sehr groß, beginnen zu Anfang gleichzeitig zwei oder drei mit der Aufforderung und bilden unabhängig voneinander eine Schlange, die sich zum Schluß zusammenfügt.
Mögliche Figuren der Polonaise: Schlangenlinien durch den Raum; Schnecke; unter anderen Teilnehmern durch; Tore bilden etc.

6

Folg' der Bewegung

Beschreibung:

Alle stehen verteilt im Raum, der Spielleiter beginnt mit Bewegungen zur Musik, die alle nachmachen. Er bleibt dann stehen, wenn er nicht mehr vormachen will und irgendjemand soll nun seine Rolle als Vormacher übernehmen. Dem, der zuerst sich aus dem Stillstand der Gruppe löst, und eine neue Bewegung zur Musik beginnt, soll die Gruppe in ihren Bewegungen wiederum folgen. Der Wechsel sollte zunehmend möglichst fließend vor sich gehen.

Drillings-Drehen

Beschreibung:

Für wen:
Je zwei Spieler
(Rest Zuschauer)

Rahmen:
freier Raum zum
Bewegen nötig

Die Spieler klemmen zwischen ihre Stirne einen aufgeblasenen Luftballon (s. Zeichnung). Durch gleichzeitiges Drehen um sich selbst (in der gleichen Richtung) muß versucht werden, den Ballon ein bis dreimal herumzudrehen.

Material:

pro zwei Spieler
ein Luftballon

Anmerkung:
Dieses Spiel ist auch gut als Tanzspiel (Einlage) geeignet.

Schiff im Sturm

Beschreibung:
Vor Spielbeginn wird mit Kreide der Grundriß eines Schiffes auf den Fußboden gezeichnet oder anderswie markiert. Alle Mitspieler begeben sich in diese Markierung. Der Spielleiter erklärt die technische Bezeichnung des Schiffes: Bug = vordere Spitze, in Fahrtrichtung gesehen die linke Seitenwand = Backbord, Heck = hintere Spitze, rechte Seite = Steuerbord.
Der Spielleiter stellt den Kapitän dar. Er erzählt den Fahrgästen, daß sich das Schiff in einem schweren Sturm befindet und nur durch schnelle Gewichtsverlagerung vor dem Kentern zu retten ist. Deshalb müssen sich die Fahrgäste auf das jeweilige Kommando nun unverzüglich an die kommandierte Stelle des Schiffes begeben.
Alle Spieler, die das Kommando falsch ausführen oder über die Markierung treten, scheiden aus oder bekommen einen Minuspunkt.

Für wen:
Gruppen mit 8-30 Tln.

Rahmen:
freier Raum nötig

Material:

ein Stück Kreide

6

Bunte Palette

Beschreibung:

Die Paare sollen sich in drei gleichgroßen Gruppen auf der Tanzfläche zusammenfinden. Dann werden die Bändchen ausgeteilt. Jede Tänzerin und jeder Tänzer der ersten Gruppe erhält ein Bändchen gelber, der zweiten blauer, der dritten roter Farbe. Die Partner knüpfen sich gegenseitig ihr Bändchen um das rechte Handgelenk.
Der Tanz beginnt. Bei Abbruch der Musik gibt der Spielleiter verschiedene »Mischaufträge« etwa gelb wird mit rot gemischt! Daraufhin trennen sich die gelben und die roten Paare, jeder Partner sucht sich einen neuen der jeweils anderen Farbe.

Anmerkung:

Bei sehr großen Gruppen oder zur Erschwerung kann auch noch mit einigen Farben mehr experimentiert werden. Für einen Tanzteil könnten sich auch einmal Dreier-, Vierer- oder noch größere Gruppen bilden.

Für wen:
Gruppen mit 20-∞ Tln.

Rahmen:
viel Raum zum Tanzen nötig

Material:

30 cm lange Bändchen (drei Farben) nach der Zahl der Spieler, Musik

6

Art: **6**/16
Bewegungs-spiel

Sitzboogie

Beschreibung:

Der Sitzboogie hat folgende Bewegungen, die in der angegebenen Reihenfolge jeweils einen Takt lang vollzogen werden:
1. 3x mit den Händen auf die Knie schlagen
2. 3x in die Hände klatschen
3. 3x die Unterarme (rechts über links) kreuzen
4. ebenso links über rechts
5. 3x linke Hand an rechten Ellenbogen tippen
6. 3x rechte Hand an linken Ellenbogen tippen
7. linken Daumen an linke Schläfe, 3x winken
8. rechten Daumen an rechte Schläfe, 3x winken
9. mit dem linken Fuß 3x stampfen
10. mit dem rechten Fuß 3x stampfen
11. aufstehen
12. setzen
13. = 1. Beginnen von vorne

Für wen:
Gruppen mit 10-∞ Tln.

Rahmen:
Sitzkreis

Material:

Musik (3/4-Takt)

Rollendiskussion mit Schatten

Für wen:
Gruppen mit 6-20 Tln.

Beschreibung:
Zwei Spieler, A und B, unterhalten sich. Hinter jedem steht sein »Schatten«, a und b.
A sagt oder fragt etwas, darauf formuliert a, was A seiner Meinung nach eigentlich sagen wollte, gefühlt oder verschwiegen hat. Darauf antwortet B auf A's Aussage und b interpretiert B, A antwortet B usf..
Nach Ende einer Gesprächsrunde haben zunächst die vier Spieler Gelegenheit, sich über ihre Wahrnehmungen, Empfindungen und Erfahrungen auszutauschen. Fragen dazu könnten etwa sein:
Wie war es den Schatten möglich zu erfassen, was ihre Spieler denken, empfinden und verschweigen? Wieviel daran war eigener Anteil, wieviel wirkliche Wahrnehmung? Wovon wurde der Gesprächsverlauf besonders beeinflußt usf.?

Rahmen:
Sitzkreis

Material:

–

Städtebauspiel

Für wen:
Gruppen mit 8-20 Tln.

Beschreibung:
Es werden Kleingruppen von je vier Spielern gebildet. Für jede Gruppe ist ein Satz Bauklötze vorhanden, ebenso eine Spielunterlage (Grundriß einer Landschaft mit Fluß, Bergen, Wäldern, See u.ä.).
Aufgabe ist es nun für die Spielergruppen, mit den Bauklötzen in einer bestimmten Zeit (etwa 1 Stunde) eine Stadt zu bauen. Dabei gilt jedes Haus, das auf den Plan gesetzt worden ist, als gebaut und darf nicht wieder abgerissen werden.
Möglich ist es, entweder den vier Spielern von vornherein verschiedene Kompetenzen zuzuweisen (Gesundheitswesen, Verkehr, Kultus u.ä.), oder es wird nichts festgelegt, d.h. die Aufgabenverteilung der Gruppe überlassen.
Möglich ist es auch, Beobachter einzusetzen, die auf Art und Ablauf der Zusammenarbeit achten. Nach der vereinbarten Zeit werden die Städte gemeinsam begutachtet. Spieler und Beobachter erhalten Gelegenheit über ihre Wahrnehmungen und Eindrücke zu berichten. Gemeinsam werden die gewonnen Erfahrungen verarbeitet.

Rahmen:
Räume für Untergruppen nötig

Material:

(siehe Beschr.)

Der beleidigte König

Für wen:
Gruppen mit 6-15 Tln.

Beschreibung:

Die Rollen des »Königs« und seines »Ministers« werden an Freiwillige vergeben (oder per Los bestimmt). Der König sitzt auf seinem Thron, der Minister steht daneben, in einiger Entfernung sitzen alle übrigen Mitspieler. Sie sind mit ihrem König unzufrieden. Der Minister begibt sich zu ihnen und erkundigt sich bei jedem Einzelnen, was er am König auszusetzen habe (wird aufgeschrieben). Dem einen gefällt das Äußere des Königs nicht, der andere hat dies oder jenes an seiner Regierung oder seinem Verhalten auszusetzen. Hierauf geht der Minister zum König und trägt ihm die einzelnen Klagen vor. Er erkundigt sich dann, welche von den Anschuldigungen den König am meisten ärgern. Dreimal darf der König nun raten, wer von seinen Untertanen dem Minister diese Klage ins Ohr geflüstert hat. Errät der König den Kläger nicht, so werden noch einmal Kritiken gesammelt und der König muß von neuem raten.

Nach jeder Königsrunde sollten dieser und auch die Mitspieler Gelegenheit haben, ihre Empfindungen und Erlebnisse während des Spiels auszusprechen und sich gegenseitig darüber auszutauschen.

Rahmen:
beliebig

Material:

Papier und Stifte

Haus - Baum - Hund

Für wen:
Gruppen mit 4-20 Tln.

Beschreibung:

Die Spieler bilden Paare und setzen sich so zusammen. Sie haben ein Zeichenblatt und einen Stift. Sie nehmen, ohne zu sprechen, den Stift gemeinsam in die Hand und haben die Aufgabe, so ein Haus, einen Baum und einen Hund auf ihr Blatt zu zeichnen. Dann unterschreiben beide das Bild (auch gemeinsam), ohne zu sprechen.

Am Ende des Spiels haben zunächst die Partner Gelegenheit, sich über ihre gemeinsamen Erfahrungen auszutauschen. Dem sollte eine gemeinsame Gesprächsrunde in der Gruppe folgen. Fragen hierzu könnten etwa sein:

Was hat mich am meisten beeindruckt? Was ist mir besonders schwer gefallen? Worüber habe ich mich geärgert? Was ist mir deutlich geworden?

Rahmen:
Malmöglichkeiten auf Tischen od. Boden

Material:

1 Zeichenblatt, 1 Filzstift pro zwei Spieler

Rückzug und Kontakt

Beschreibung:

Es werden Paare gebildet. Der eine Partner nimmt eine möglichst geschlossene Körperhaltung (am Boden) ein. Er verschließt sich so fest wie möglich vor der Außenwelt, hat nicht die Absicht sich zu öffnen.
Der Partner versucht, ihn mit bloßer physischer Kraft aus dieser Haltung zu lösen. Danach werden die Rollen gewechselt. In der zweiten Runde nimmt einer der beiden erneut eine möglichst geschlossene Haltung ein und versucht nun auch, sich geistig von der Umwelt abzuschließen. Er hat nicht das geringste Interesse an Kontakt gleich welcher Form.
Der andere versucht nun mit allen ihm zu Gebote stehenden Mitteln, Kontakt mit dem anderen »Verschlossenen« zu bekommen. Der geht erst dann darauf ein, wenn er die Überzeugung gewonnen hat, daß echte Kontaktmöglichkeiten bestehen.
Wer nichts empfindet, sollte dabei nicht mitspielen, nur weil ihm der Kontaktsuchende leid tut.
Danach Rollenwechsel.   b.w.

Wer setzt sich wie durch?

Beschreibung:

Mehrere Spieler stellen eine der folgenden Situationen dar:
- Ein Gast beschwert sich im Restaurant über schlechtes Essen.
- Ein Fernfahrer kommt in eine Kneipe, in der außer dem Wirt mindestens ein Gast sitzt, und will aus dem Automaten Zigaretten holen, der Automat ist jedoch kaputt, so daß der Fahrer sein Geld verliert. Er fordert vom Wirt Ersatz. Dieser fühlt sich nicht zuständig, da die Zigarettenfirma den Automaten bei ihm nur aufgestellt hat.
- Ein Angestellter bittet in der Personalabteilung um Lohnerhöhung.
- Ein Kunde beschwert sich beim Friseur über seine schlecht geschnittenen Haare.
- Ein farbiger Student will ein Zimmer mieten.
- Zwei »Zeugen Jehovas« wollen um 10 Min. vor 8.00 Uhr einen Mann, der unbedingt die Tagesschau sehen will, zu einer Versammlung einladen.
- Ein Fahrgast wird im Bus bei der Kontrolle ohne gültigen Fahrausweis angetroffen.

                                                             b.w.

Anmerkung:
Bei dieser Übung ist wichtig, daß die Partner wissen, daß sie für ihre Kontaktversuche viel Zeit haben. Ruhe und Aufmerksamkeit füreinander sind sehr wichtig.
Die Partner sollten Gelegenheit haben sich darüber auszutauschen, wie sie sich gegenseitig in den verschiedenen Rollen erlebt haben und wie es ihnen jetzt miteinander geht.

- Ein Mieter wird beschuldigt, die Nachtruhe gestört zu haben.
- Ein nicht geladener Gast versucht, auf einer Prominentenparty zu einem umjubelten Star vorzudringen.
- Der Vater schimpft mit seiner Tochter, weil sie erst um 2.00 Uhr nachts nach Hause gekommen ist.
Nachdem die Gruppe einige dieser Szenen gespielt hat, hat sie vielleicht auch Lust, selbst Situationen zu erfinden, die dann gespielt werden.

Anmerkung:
Bei jeder Szene könnte es sich lohnen, gemeinsam zu überlegen, wie der entsprechende Konflikt von den Partnern angegangen und gelöst worden ist. Welche anderen Lösungsmöglichkeiten es gegeben hätte (noch einmal zu spielen), was für Regelmäßigkeiten sich evtl. feststellen lassen und was das für die Spieler bedeutet.

Widerstand

Beschreibung:
Die Gruppe bildet Paare von Partnern ungefähr gleicher Größe. Diese legen ihre Hände flach aneinander. Einer versucht den anderen wegzudrücken, wobei er die Worte »geh weg!« gebraucht. Der andere wehrt sich dagegen und sagt »ich will nicht!«. Nach einiger Zeit werden die Rollen gewechselt.

Anmerkung:
Die Übung ist für Gruppen geeignet, die einander schon länger kennen. Es ist wichtig, sich in die jeweilige Rolle möglichst gut einzufühlen, keine »Spielchen« daraus zu machen. Die Übung ist vor allem dann sinnvoll, wenn der Einsatz der Partner so vollständig wie möglich ist und so lange wie möglich ausgehalten wird.

Ziel ist es, die eigenen körperlichen und geistigen Kräfte kennenzulernen, ebenso wie die des Partners.
Die Partner und die ganze Gruppe sollten Gelegenheit haben, sich über ihre Erfahrungen während der Übung gemeinsam auszutauschen.

b.w.

Zoobesuch

Beschreibung:
Die Gruppe setzt sich bequem hin, die Teilnehmer werden gebeten, die Augen zu schließen. Der Spielleiter gibt der Gruppe eine Phantasiestruktur vor, die den Teilnehmern angemessen ist, den vielseitigen Vorstellungsmöglichkeiten Raum läßt und es ermöglicht, wichtige Aspekte der eigenen Identität aufzuspüren.

Beispiel: »Zoobesuch« – Hilfen zur Strukturierung der Phantasie:
»Stellt euch vor, ihr habt einen Zoobesuch vor. Ihr tretet vom Dunkel der Eintrittshalle unvermutet ins Helle. Ihr seid geblendet. Langsam gewöhnt ihr euch an das Licht (...). Auf einer großen baumbestandenen Wiese sind viele freie und in Käfigen gehaltene Tiere (...). Ihr schaut euch um, und bemerkt ein Tier, das ihr selbst seid (...). Ihr Schaut euch dieses Tier genau an (...). Wie sieht es aus? Wie groß ist es? (...). Wie bewegt es sich? (...). Ist es in einem Käfig oder läuft es frei herum? (...). Ist es zutraulich oder hat es Angst? (...). Hast du Angst vor dem Tier? (...). Willst du es streicheln oder füttern? (...). Wie fühlt sich das Tier an? (...). Läßt es sich streicheln? (...). Nimmt es Futter

Variation:
Der eine Partner versucht, den anderen mitzuziehen, der Text lautet jetzt »komm mit!«. Der andere wehrt sich mit aller Kraft dagegen »ich will nicht!«.

von dir an? (...). Freut es sich über dich? (...). Was empfindet das Tier in diesem Moment? (...). Was empfindest du? (...). Verabschiede dich nun von dem Tier. Wie machst du das? (...). Fällt dir der Abschied schwer oder freust du dich, daß du gehen kannst? (...). Wie verhält sich das Tier? (...). Du gehst den Weg zurück, wieder durch die Eingangshalle und verläßt den Zoo. (...). Bitte kehrt nun wieder hierher zurück und öffnet die Augen.«
Die Tln. haben nun Gelegenheit, zunächst paarweise, oder auch gleich in der ganzen Gruppe, über ihre Erlebnisse während ihrer Phantasiereise zu berichten. Eine vertiefende Gesprächsrunde kann es dann sein, zu überlegen, was mein Tier über meine gegenwärtige Identität und Situation aussagt, und das gemeinsam mit den anderen zu besprechen.

Nasa - Spiel

Für wen:
Gruppen mit 8-
30 Tln.

Rahmen:
Sitzkreis

Material:

Papier, Stift u. 1
Spielanleitung
pro Spieler

Beschreibung:
Es werden zwei bis drei Untergruppen gebildet. Jeder Spieler erhält
ein Blatt mit folgendem Text:
»Name:
Gruppe:
Sie sind ein Mitglied einer Raumfahrtmannschaft, die ursprünglich
geplant hatte, auf der erhellten Oberfläche des Mondes mit einem
Mutterschiff zusammenzutreffen. Infolge technischer Schwierigkei-
ten mußte ihr Raumschiff jedoch an einer Stelle landen, die etwa 300
km vom Treffpunkt entfernt liegt. Während der Landung ist ein großer
Teil der Ausrüstung an Bord beschädigt worden. Da die Aussicht zu
überleben davon abhängt, ob Sie nun das Mutterschiff erreichen,
müssen die wichtigsten der vorhandenen Dinge für den 300 km langen
Weg gewählt werden. Unten finden Sie eine Liste von 15 Gegenständen, die nach der Landung unbeschädigt geblieben sind. Ihre Aufgabe
ist es, diese Gegenstände in eine Rangordnung zu bringen, je nachdem wie notwendig sie Ihnen zum Erreichen des Treffpunktes erschei-

(Forts. v. Spiel **7**/9)

Zweiter Durchgang: Gruppenentscheidung:
Das Ziel ist es, einen Beschluß der Gruppe, mit dem jeder von Ihnen
einverstanden sein kann, zu erreichen. Das bedeutet, daß der Rang
jedes der 15 Gegenstände, die für das Überleben notwendig sind,
die Zustimmung eines jeden von Ihnen haben muß, um ein Teil des
Gruppenbeschlusses zu werden.
Dritter Durchgang:
Jede Gruppe wählt aus ihrer Mitte zwei Vertreter, die nach Meinung
der Gruppe am besten mit der Materie umgehen können. Die Vertreter
aller Gruppen setzen sich in der Mitte zusammen und entscheiden
noch einmal. Alle Tln. können dabei zuhören.«

Nach Abschluß des Spiels werden die verschiedenen Ergebnisse untereinander ausgetauscht und mit einem Sachverständigenergebnis
verglichen.
Nasafachleute haben folgende Rangordnung aufgestellt:
Sauerstofftanks–Wasser--Sternkarte–Nahrungskonzentrat–Fernmeldeempfänger–Sender–Nylonseil–Erstehilfekoffer–Fallschirm-

nen, setzen Sie die Nr.1 neben den wichtigsten Gegenstand, die Nr.2 neben den zweitwichtigsten usf.:

1 Schachtel Streichhölzer, 1 Dose Nahrungskonzentrat, 15 m Nylonseil, 30 m Fallschirmseide, 1 tragbares Heizgerät, 2 Pistolen 7,65 mm, 1 Kiste Trockenmilch, 2 Sauerstofftanks zu je 50 l, 1 Sternkarte (Mondkonstellation), 1 Schlauchboot, automatisch aufblasbar durch Kohlendioxyd, 1 Magnetkompaß, 22 l Wasser, Signalpatronen (auch im luftleeren Raum zündend), 1 Erste-Hilfe-Koffer mit Injektionsnadeln, 1 Fernmeldeempfänger und -sender mit Sonnenbatterien«.

Zum Verlauf des Spieles wird den Teilnehmern folgendes erklärt: »In dieser Übung geht es darum, verschiedene Möglichkeiten, Entscheidungen zu treffen und zusammenzuarbeiten, an einem Modell durchzuspielen. Es läßt sich dabei erfahren, wie sich Entscheidungen sinnvoll treffen lassen, und was für Hindernisse im Wege stehen können.

Erster Durchgang: Einzelentscheidung
Sie versuchen, jeder für sich allein, die gestellte Aufgabe zu lösen.

seide–Schlauchboot–Signalpatronen–Pistole–Trockenmilch–Heizgerät–Magnetkompaß–Streichhölzer.

Im Anschluß daran sollen die Spielgruppen untereinander bzw. die ganze Gruppe gemeinsam Gelegenheit haben, sich über ihre Empfindungen und Erfahrungen während der versch. Schritte des Entscheidungsprozesses auszutauschen. Fragen dabei können etwa sein: Wie ist es mir persönlich gegangen? Welche Rolle habe ich gespielt? Welche Entscheidungsstrategien haben wir als Gruppe entwickelt? Was hat mich geärgert? Was hat sich besonders bewährt? usw.

Entscheidungsspiel

Beschreibung:
Die Spieler werden in Untergruppen aufgeteilt (je 4 Spieler; evtl. 1-2 Beobachter). Jeder Spieler erhält die folgende Spielanweisung: »Wegen Rationalisierung muß die Fa. Müller & Co. einen Arbeiter ent-lassen.

Chef, Juniorchef sowie 2 Angehörige des Betriebsrates müssen nun entscheiden, welcher der Arbeiter entlassen werden soll:
50-jähriger mit mittelmäßiger Arbeitsleistung, verheiratet, 2 Kinder, die allerdings schon aus dem Haus sind.
30-jähriger, geschieden, 1 Kind, für das er Lebensunterhalt zu zahlen hat. Er führt ein unregelmäßiges Leben und ist schon häufiger zu spät gekommen, er bringt aber Spitzenleistung.
22-jähriger, verheiratet, 1 Kind. Er bringt mittlere Arbeitsleistung, ist den Vorgesetzten öfter durch kritische Äußerungen unangenehm auf-gefallen«.

Jede Gruppe verteilt die vier Spieler – (ggfs. auch Beobachter-) Rollen. Die Gruppe bekommt 30 Min. Zeit, danach muß die Entscheidung gefallen sein.   b.w.

Innere Stimmen

Beschreibung:
Die Gruppe wählt gemeinsam ein kleines Problem aus, das eine Ent-scheidung erforderlich macht. Es sollte etwas sein, bei dem sich Vor- und Nachteile diskutieren lassen.
Sobald die Gruppe die Wahl getroffen hat, setzt sich einer der Grup-penteilnehmer vor die Gruppe und versucht, sich völlig neutral zu ver-halten. Dann setzt sich jemand rechts hinter ihn, der ihn zu einem »ja« überreden soll. Links hinter ihn setzt sich einer, der ihn vom »nein« überzeugen soll. Diese beiden »inneren Stimmen« dürfen nicht mitein-ander diskutieren, sie dürfen auch nicht miteinander reden. Der in der Mitte Sitzende muß anhand der Argumente, die die beiden ge-braucht haben, – sozusagen als die beiden Seiten seines »Gewis-sens« – zu einer Entscheidung kommen. Die beiden »Stimmen« kön-nen von den anderen Gruppenmitgliedern unterstützt werden. Diese müssen sich dann auch hinter den setzen, der die Entscheidung zu treffen hat.

b.w.

Nach dieser Zeit kommen die Untergruppen wieder zusammen und stellen sich gegenseitig ihre Entscheidung vor und begründen diese.

Danach sollte auch Gelegenheit sein, daß die Spieler sich austauschen können, wie es ihnen während des Entscheidungsvorgangs ergangen ist. Hier können auch die evtl. Beobachter ihre Bemerkungen einbringen.

Beobachtungs- und Auswertungskriterien (für einen dritten Gesprächsgang) könnten sein: Wie wird die Entscheidung gefällt? Was spielte dabei eine Rolle (Sachargumente, Beziehungen)?

Anmerkung:
Solche Entscheidungssituationen sind leicht selber zu erfinden und dem Erfahrungsstand und den Interessen der Gruppe anzupassen.

Anmerkung:
Diese Übung eignet sich besonders, um die Entstehung und den Prozeß einer Entscheidung deutlich zu machen. Sie kann auch eingesetzt werden, wo es um ein echtes Problem eines Gruppenmitglieds geht. Es sollte auf jeden Fall die Möglichkeit zu einer Aussprache über die gemachten Erfahrungen gegeben werden.

Feedback - Rätsel

Beschreibung:

Jeder Teilnehmer schreibt ein (oder mehrere) charakterisierende Worte bezüglich eines anderen Gruppenmitglieds auf einen Zettel. Die Zettel werden zusammengefaltet und in einen Behälter gelegt, aus dem reihum jeder wiederum einen Zettel zieht und die Charakteristik vorliest. Die Gruppe hat die Aufgabe, zu raten, wer gemeint ist.

Anmerkung:

Das Spiel ist nur sinnvoll in einer Gruppe, deren Teilnehmer sich schon einigermaßen kennen; die Spieler sollten anschließend Gelegenheit haben, sich über die Charakterisierungen und ihre Erlebnisse während des Spiels auszusprechen.

Für wen:
Gruppen mit 8-15 Tln.

Rahmen:
Sitzkreis

Material:

Zettel u. Stift für jeden Spieler

Feedback - Netz

Beschreibung:

Die Gruppe sitzt im Kreis. Einer hält ein Wollknäuel, befestigt das Ende an seinem Handgelenk und gibt einem Gruppenmitglied Rückmeldung über sein Verhalten, so wie er es erlebt hat (positive und negative Wahrnehmungen) und wirft ihm das Wollknäuel zu. Dieser umwickelt das Handgelenk mit dem Wollfaden, gibt einem anderen Feedback und wirft ihm das Knäuel weiter. Das setzt sich so lange fort, bis jeder Teilnehmer ein Feedback erhalten hat. Danach wandert das Knäuel von Teilnehmer zu Teilnehmer zurück, bis es wieder aufgewickelt ist. Beim Rücklauf teilen sich die Empfänger ihre jeweiligen Reaktionen auf das Feedback des anderen (Bedeutung, Neuigkeit, Gefühle) mit.

Für wen:
Gruppen mit 8-20 Tln.

Rahmen:
Sitzkreis

Material:

Wollknäuel